チュ。

k. m. p. キャラクターの紹介

絵本からとび出て、
この本の「おまけの見本」
の中に、あちこち
登場して
います。

チュッチュ

3さいの妹。
チュミのまねをしたくて、
いつも くっついてく。

チュミ

7さいの姉。「おねえちゃん」
をがんばってるけど、ときどき
イジワル虫がでてきちゃう。

パンツダ

赤いパンツで元気になる
ひとりあそびの達人。

まんまるちゃん　ぽんちゃん

ちいさい まんまるちゃんは、
いつもだいじな おともだち人形の
ぽんちゃんといっしょ。

さるむし

ほんとは見えないくらい
ちっちゃい、さるの むし。

✂ ‐‐‐‐ を
切って、起こして
ながめると、みんなが
こっちに歩いてきそうだよ。

ほんの キモチ
ちょっとした おもいやり
あそび ゴコロ……

まいにちの そんな想いに
ちょこん、と のせる

おまけのキモチ。

おまけのキモチ。

それは、こどもの頃の「お手紙交換」から
はじまったのかも しれません。
仲良しの ともだちと 夕方まで めいっぱい遊び、
「バイバイ」して 家に帰ると すぐに
お互いへ、お手紙を かきはじめる……
さっきまで会ってたのに「おげんきですか?」とか
毎日遊んでるのに「また あそぼうね」とか
知ってるくせに「すきなたべものは なんですか」とか……
内容は、毎日、ほとんど同じ。

それでも毎日、かいていたのは、
そこに「**おまけ**」を入れたかったから。
シール、切り抜き、カード、かわいいメモ帳、
広げたら「あたり」ってかいてある折り紙、

手づくりのしおりや、着せかえ人形……
「おまけ」「ふろく」「当たりつき」
そういうものが だいすきで、
ともだちにも、そのワクワクをおくりたい、
というキモチ。

ともだちの びっくりした顔、
うれしそうな顔…を 思い浮かべて、
せっせと お手紙をつくっていた、あの頃。

今思うと、相手が よろこんでくれていたかは
ギモン…だけど、それでも、自分は
相手を想う、**おまけのキモチ**で
いっぱいだったなと思います。

手紙を　おくる、
そして、モノを　おくる。
キモチを、モノにかえて、おくる。
仕事で　相手先に　原稿を　おくる。
通販で　お客さんに　商品を　おくる。

……いろんな「おくる」が　ありますが、
だれかに　なにかを　おくる時、
それが、そっけないもの　で　あるほど、
「おまけのキモチ」を添えたくなります。
おくる相手を　想いながらの、つけたし。

それは、特別な品ではなく、
華美な包装でもなく、
熱いメッセージでもなく、

気合いも入ってないし、
チカラが抜けちゃうような、
そのくらい、軽いもの。

そんな、ちょっとした「つけたし」、
一見ムダに思える モノ、コト、作業。
「おまけのキモチ」として… おまけと言いつつ、
一番大事にしてるというか、こだわっちゃうというか、
ただ自分が たのしんでるだけかも というか、なんというか………

この本には、そんな 私たちの日常の中の、
おくる時の「おまけのキモチ」を つづってみました。

みなさまに、私たちのこの、
「あつくるし～い愛（おまけのキモチ）」が 届きますように。

k.m.p.の、
おまけのキモチ。
k.m.p.
ムラマツエリコ
なかがわみどり

もくじ

全部で4章あります。
どれから読んでも
大丈夫だよ〜

サイトで、
オリジナル雑貨を
販売しています。
その日々の ようすや、
小さな工夫を
紹介します。

11頁

第1章
おまけのキモチをのせて
お客さんに、おくる

29頁

第2章
おまけのキモチをのせて
お仕事で、おくる

ここでは、
お仕事での
やりとりを
紹介します。
見習いたい方々の
エピソードも
かきました。

親しい人へ…
お付き合いで…
旅のお土産…
モノをおくる時のいろいろ。
使えそうなものありますか？

45頁

第3章

おまけのキモチをのせて

親しい人に、おくる

オリジナルの「おくる」をつくってみよー、の提案です。
そして、
私たち k.m.p. の「おまけのキモチ」への思いも。

65頁

第4章

おまけのキモチをこめた

自分印を　つくろう

第1章

おまけのキモチをのせて お客さんに、おくる

通販の発送に、おまけのキモチ

オリジナルの雑貨をサイトで売っている……
デザインして、つくって、UPして。
その過程、すべてがすき。

でももうひとつすきなのが、
梱包作業。

何でくるむ？
どんな袋に入れる？
シールも貼りたいな。
お手紙を付けようか。
おまけも入れちゃう？

これがたのしくて、
続いているのかなと思うほど。

既製のラッピング用品を買ってきて…
というのは、あまりたのしくない。
お金をかけないで、「地味な事務用品」や

k.m.p. グッズ、集まれ〜

もっとワクワクする包み方ないかな。あけること自体がたのしいといいよね
そうだね、袋より箱のほうがいいかな？箱あけたら目が合っちゃうとか……

受け取った人の反応を妄想して盛り上がる。

「捨てられそうだったもの」を、
工夫して、価値のあるものに
することがすき。
↓あとの頁で紹介していきます~

それと、
相手が困っちゃうくらいの過剰な包装や、
ひとりよがりなのも、ワクワクしない。
「おくる」ことの一番のワクワクって、
受け取った人がよろこぶことだから、
それを想像しながら、作業する。

くるみながら、結びながら、
そこにいつも、ほんの小さな
おまけのキモチを入れて。

発送作業場のようす

文具、テープ、シール、切手…

商品に同梱するDM

いつのまにか、こんなに。

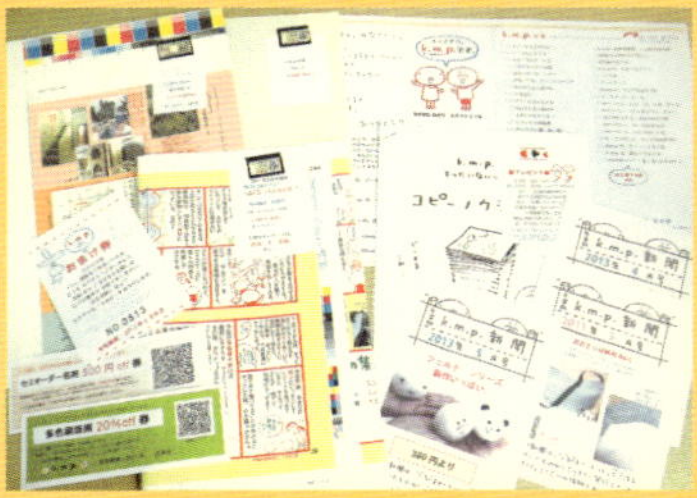

↑ちら見
←お手紙
↑次回に使える「おまけ券」
↑毎月発行「k.m.p.新聞」

こんなふうに発送します

シートにも絵が描いてある切手は、ブロックでカットして貼っちゃう。

このコピーの損じ紙、あたしたちにとっては、もういらないものだけど…
もしかして、「本の制作過程」に興味ある人には、価値があるかも?
そうだね！でもそのまんまじゃナンだよね…
そーだ！

……ってキモチから生まれたのが、
通販のおまけでおなじみの、
「コピーノウラメモ」。

切って束ねてみた。

自分たちがメモ紙として
使い切るには
あまりある量の「損じ紙」の、
行き場となりました。

包装紙と、おまけゴコロ

包装紙になるような大きな紙って、
なかなか手に入らない。
包装資材屋さんで売っているものや
模造紙は あんまりかわいくないし……なので、
包装紙は
あきらめ、
ずっと
大判の茶封筒を
愛用してた。

シンプルでいいんだけど
結構お金が
かかる…

ある時、自分たちが かいた本の
色校正をしながら思った。
「この**印刷された大きな紙**……
工場には もっといっぱい あるのかなぁ？
あっても、捨てちゃうのかな？」

それは、本の16頁分を一面に並べて印刷した、
大きな大きな紙。
両面にびっしりと印刷されたこの大きな紙、
こどもの頃に見たら、ワクワクしただろうな……

ナニコレ
ナニコレー
スゴーイ

「今頼めば もらえるかもよ？
急がないと 捨てられちゃうかも!!」
あわてて出版社にきいてみたら、
印刷所から

本をつくる過程でできる、大判の紙。
業界用語で ヤレ紙 といいます。
（語源は「破れ」とか）

本の大きさと
くらべてみてください。
これは8面。

切ったり、貼ったり、包んだり、
敷き詰めたり……
可能性が広がる、すてきな紙♡

直接送ってもらえることになった……

それ以来、
本を出すたびに いただいている。
他では手に入らない、
そして私たちには もう欠かせない、
大事な大判の紙。

……なんて、一般的には
手に入らないものの紹介で すみません。
こういうのもありますよ、
って、お話でした。

こんなに!?
うれしー!

だいぶ個性的な荷姿

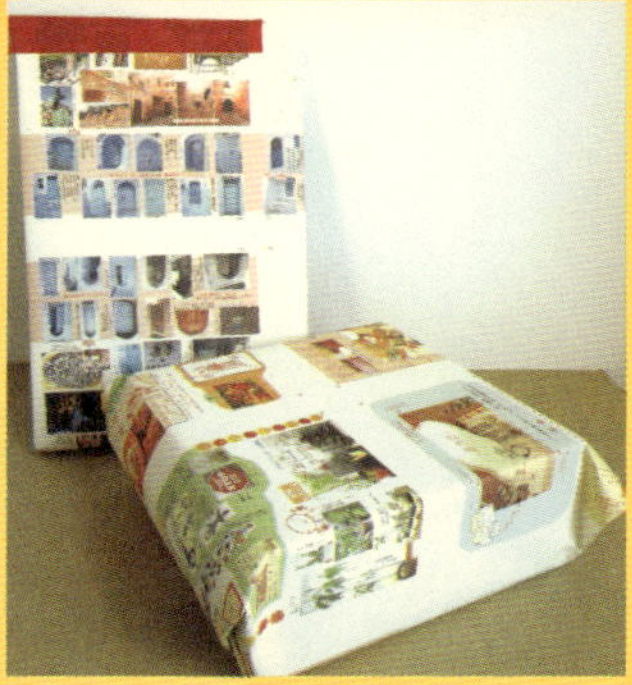

荷姿は、こんなかんじ。
受け取った人も たのしんでくれるかな
…と、想像しながら包んでいます。
もしこんなのが届いたら、
ぐるぐる回して転がしながら
読んだりしてみてください。

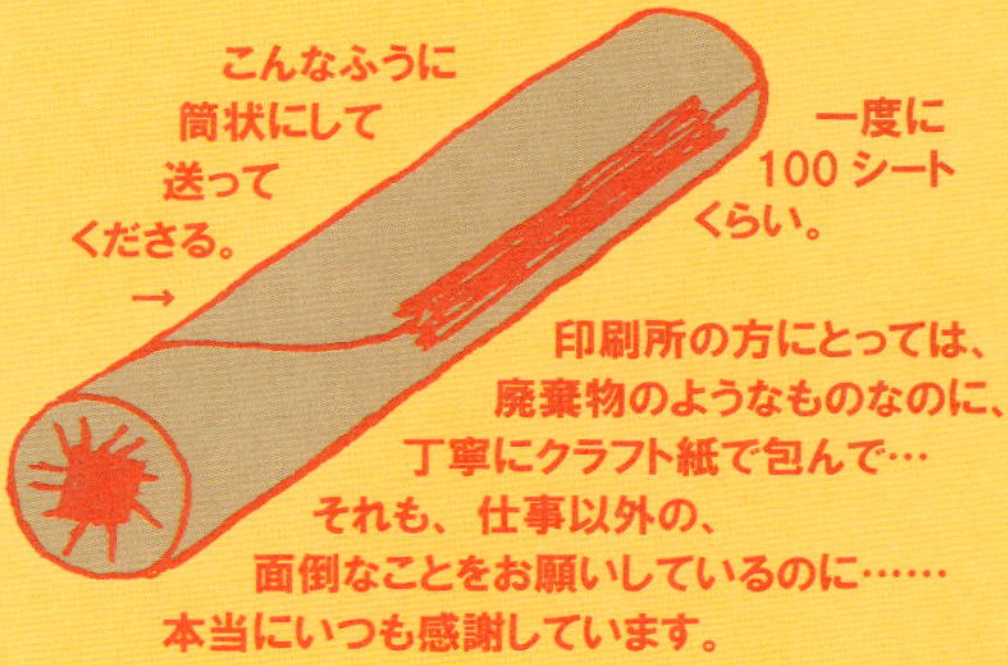
こんなふうに
筒状にして
送って
くださる。
→
一度に
100シート
くらい。
印刷所の方にとっては、
廃棄物のようなものなのに、
丁寧にクラフト紙で包んで…
それも、仕事以外の、
面倒なことをお願いしているのに……
本当にいつも感謝しています。

アリガトウゴザイマス

実家での活用法……

ふすまに貼ってみたよ!
かわいいでしょ!

母が「欲しい」と言うので
渡したら、こんなところに……

(続き) 包める紙さがし

エスニック雑貨店のオリジナル**カレンダー**を、
毎年 愛用している。
それは、手すきの紙に木版刷りの、ネパール製。
その風合いを とても気に入っていて、
壁から はずしたあとも捨てられず、
「何かに使えないかな〜」と、思い続けて、
いつのまにか、10年分も たまっちゃった……

これ……何かに使えると いぃんだけど……この質感、捨てるの忍びなくて
そうだなぁ……外側の梱包には、ちょっとやわらかすぎるし………あ、商品を直接くるむのに いいーかも!
何か…

……そんなワケで。
包装紙や、封筒・便箋などに
生まれ変わりました……

紙の風合いもそうだけど、
柄や色もステキ。
何より「手づくり」というのが、
捨てられない理由。

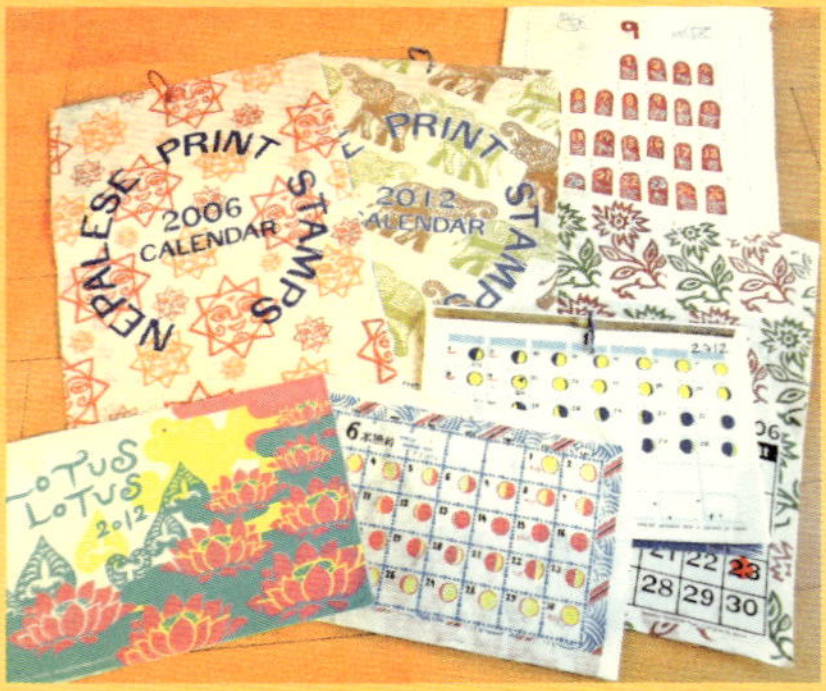

包む

帆布バッグなどの、
布モノの商品を
やわらかーく包む。

小さな封筒に

おまけのシールなどを入れる。

裏返しで

裏返しで使うと、
柄の抜け感が
またステキ。

他にもこんな

また、
服や靴、バッグなどを買うと入っている、
白くて薄い、ふわっとした紙。

↓ハトロン紙みたいに表がツルツルで裏がカサカサの。（意外と丈夫）
↓すぐ破けちゃう、はかないかんじの。
↓靴やバッグの中にぎゅっと詰められてて しわくちゃなの。

こんな紙たちも、「何かに使えないかなー…」と
眠っていたのを起こしてみたら……

他にもこんな

そして、旅先で手に入る、
英字の新聞や
海外のフリーペーパーなども
包装紙になる。
広げると大きいし、
地図なんて印刷されてると
とってもかわいい。

とにかく なぜか
紙がすき。

かわいいハンコで柄づくり

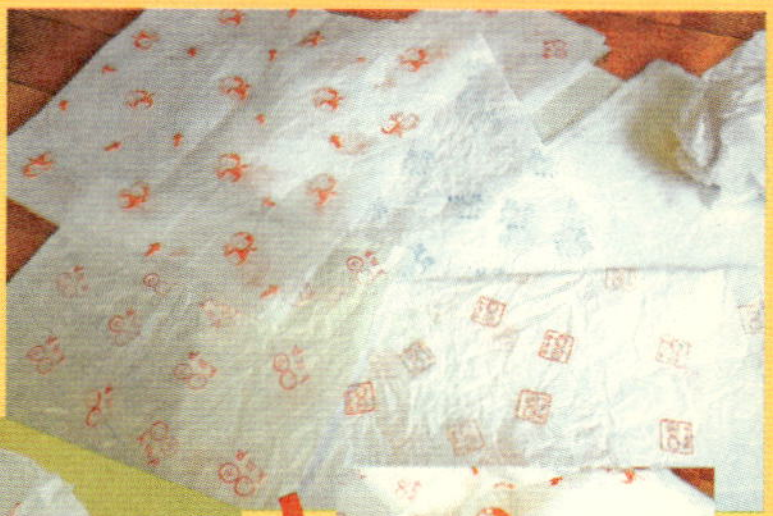

軽くてやわらかいものを
包むのにいい。

くしゃくしゃじゃない
ものでも、折り目が
付いちゃってたら、
あえて くしゃくしゃに
したほうが、
いい風合いに。

海外の新聞・フリーペーパー・ちらし

日本人向けの
フリーペーパーは、現地の
情報も読めて、たのしい。

HIS
CHAO
CHAO

集めてみるといろいろある。
紙の色が ピンクや黄緑の…
スポーツ紙…アラビア語…

Börsen-Zeitung
Business

←これは、
アメリカの
スーパーの
ちらし。
スーパーだよ？
なにこの
かわいさ♡

これらの紙は、その土地のお土産を
渡す時に使うと、なおよし。

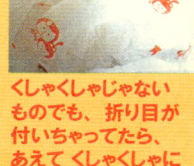

雑貨を かわいく 守りたい

市販のパッキン＊類って、ちょっとお高め。
そして 使用後には たいてい捨てられちゃうものだから、
お金をかけるのは、もったいない。

……で、自分で つくることに。
せっかく つくるんなら、かわいく、
そしてちょっと、自分たち らしく……

まずは、もしゃもしゃ。
紙を、手動のシュレッダーにかけるだけで、
できあがり、かんたん。
でも、フツーのコピー用紙だと、
見ため ただの「シュレッダーゴミ」……
なので、紙の材質は、こだわって。
クラフト系の紙が、いいみたい……

他にも、雑貨を守るものは いろいろある。

代表的なものは、プチプチ。
そして、もっとポンポンに

＊パッキン＝箱詰めした荷物を運ぶ時、モノが壊れないように まわりに詰めるもの。

いろんな紙で、手づくりの、もしゃもしゃパッキン

これは、市販のもの。
服や靴がくるまれていた白い薄い紙。はかないかんじのパッキンに。
新聞も、海外モノなら「ゴミ」っぽさがなくて◎
表が赤いクラフト紙の紙袋。……の、丈を切った部分を活用。
荷物が包まれてくる「クラフト紙」をとっておく。

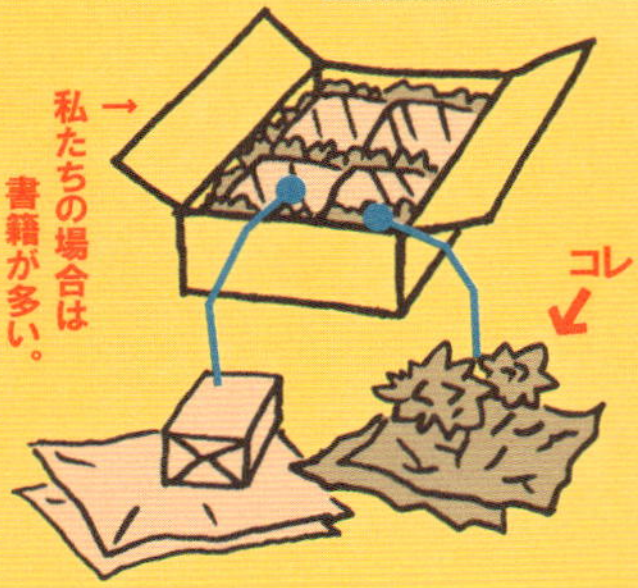

→私たちの場合は書籍が多い。
コレ

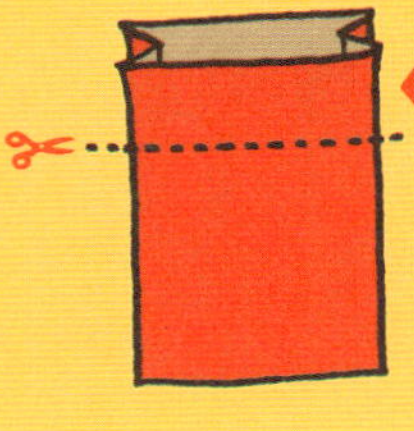

←ココ

空気が入った、**エアパッキン。**

他にもこんな

お店で食器を包んでくれる白いシートや、
果物を守る発泡系のアミアミ、
スナック菓子みたいな形の
発泡スチロール……

それらは、つくることはできないので、
送られてきたものをとっておいて再利用。

そして、手づくりできない分、
なんか物足りなくて、
ちょっと、
おまけゴコロが
湧いてきて……
つい、ひと手間……

こんなことをして
また勝手に
よろこんでいる。

プププ…
ここにも
ここにも…

果物が入ってたやつ

裏返しにしたら、つい
顔を描きたくなって……

エアパッキン

丸みを帯びたものには
どうしても顔……

プチプチ

おっきいプチプチ。

よくあるプチプチ。

○のカタチを利用して、どこかに時々、顔。

よくないパッキンの例

昔…クレーンゲームでゲットしたぬいぐるみを、
パッキン代わりに すきまに 詰めたことが
ありましたが、今考えると、送られた方は
大変ご迷惑だったと思います……
ふざけすぎました すみません。

こいつが→
いっぱい
いたので
つい…

手づくりエアパッキン？？

小さな風船を ふくらませて、
ぷにゅっと 入れとく、エアパッキン。
（中の空気は「息」じゃないからご安心を）

もちろん顔入りで。

時間が経つと しぼん
じゃうので「翌朝着」
くらいの時、限定。

ワクワク見つけに！ ホームセンター

ホームセンターや DIYのお店で、
一見無骨な材料を見ると、ワクワクする。
それらは、言い方を変えれば
「シンプルな材料」で、
過度にデザインされたものではなく、
これから **どうにでもなる**材料。
そこにひかれる。
どうにでもなる材料ってことは、
そうじゃない使い方もできるってことで、
そこがまた、魅力的。

そんな、そっけないモノたちを
自分流にしたい、
かわいくしたい、
かわいくして おくりたい♡

……売り場に しゃがみこみ、
そんな目で材料を見つめ、
ワクワクしております……

↑
とてもワクワクしているようには
見えにくい姿ですが、
ココロはとても踊っています。

不織布でできたゴミ袋ってさ……
……だよね!!

↑27頁を見てね

事務用品、生活用品、材料など…
天ぷらの下に敷く紙
天ぷら敷紙
不織布の水切り袋
水切り袋
不織布タイプ
50
封筒
茶封筒
クラフトテープ
布製ガムテープ
麻ひも

これらが、この先の頁で、
ラッピング用品に変身します〜

ある日、そんなホームセンターでアルバイトをしていた
妹が言った。
「ボール紙が大量に出るけど、いる？」
商品が送られてくる際に、間にはさまれてくる紙が、
毎日たくさん たまるらしい。
その時には 使い道を思いつかなかったけど、
「大きな紙」同様、「厚い紙」も なかなか魅力的……
と、とりあえず もらっておいた。
もらって眺めてるうちに、思いついたのが、
「メール便の封筒」……
今では すっかり必需品となって、
妹が辞めた今も、自ら出向いて、いただいている。

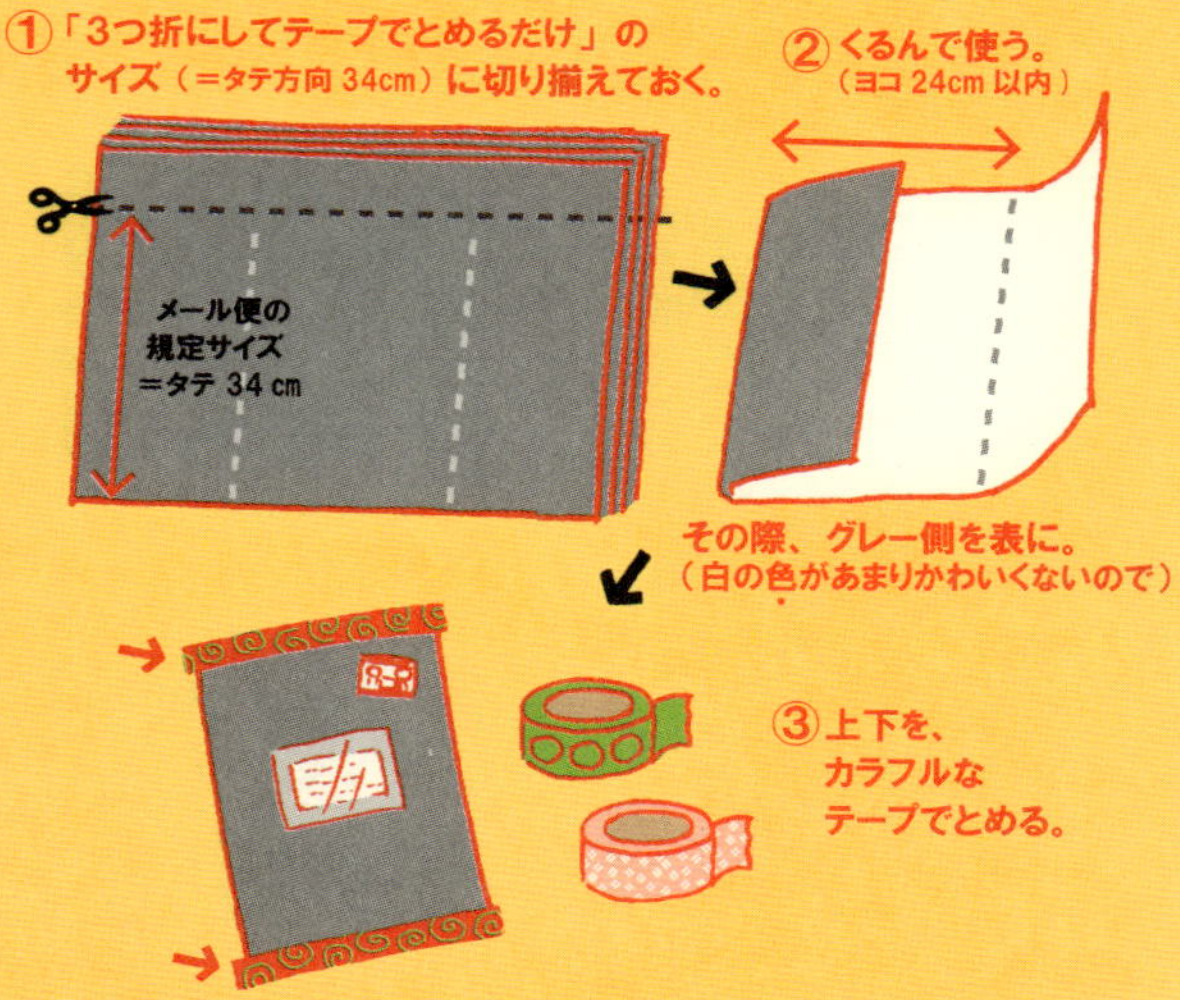
①「3つ折にしてテープでとめるだけ」のサイズ（＝タテ方向 34cm）に切り揃えておく。
メール便の規定サイズ＝タテ 34 cm
②くるんで使う。（ヨコ 24cm 以内）
その際、グレー側を表に。（白の色があまりかわいくないので）
③上下を、カラフルなテープでとめる。

やさしさの理由

なかなか もらいに行けなかった時も……

コンニチハー
おー、来た来た。待ってたよ〜

ほら、いっぱい たまってるよ〜

ちゃんと とっておいてくれる、お店の方たち。

親切だな〜も〜♡

…なんか、前にもこんなことが……

あ
「ボール紙で家を つくってる」って、思われてないよね……？

まさか……

…昔、バイト先で段ボール箱をもらい続けたら、段ボールで家をつくってるってウワサが広まり…

……気の毒に思われたがゆえに、皆がやさしかった、ということがあったので…

ち、違うよね…？

「ごっこ」のはじまり♡ 包装資材屋さん

包装資材屋さん。
商売用の包装用品や、伝票・値札・のぼりなど、
店舗用品を扱う、ちょっと特殊で専門的なお店……
今はもう、ホームセンターや100円ショップにも
そういうものが置いてあるので
あまり めずらしくもないけど、
はじめて行った頃は、
そのプロっぽい品揃えにコーフンして、
お店の中を、丸一日ぐるぐる……

雑貨屋のおしゃれなラッピング用品より、
ここにある、**商売がかったアイテム**のほうが、
「お店屋さんごっこ」気分が盛り上がる……

使い道を思いつかなくても
とりあえず欲しくなって、
買ってからムリヤリ考えたり。
たいてい、そのままの用途で使うんじゃなく、
あえて、「そうじゃない使い方」を考える。
たとえば、

「お店っぽいアイテム」は、こんな

値札、伝票、のぼり、
安売りのシール、
紙袋、包装紙、
レジ袋、箸袋……

おすすめ!
SALE
広告の品

おにぎりの包み、
ホットドッグの袋、
弁当屋の箱、
……

あっコレ、文房具屋さんで使ってる袋だよね?
この柄見たことあるもん…
お店の人って、こーいうところで調達してたのかぁ〜

値札を、「おくる」グッズとして使えないかなとか、
クレープ用の包み紙を、お手紙用として使えないかなとか、
そうやって、考えて、何かしら ひらめくのが、たのしい……

そしてこの包装資材屋さんには、
シンプルなアイテムも 多くある。
赤い紙袋、
白い手さげ袋、
透明の袋、
クラフトの箱、
駄菓子屋で使うような白い袋……
まっさらで、
素材感だけが あるものたち。
そのどれにも
さまざまなサイズがあって、
どれに何を入れて、
どんなハンコ押して
どんなシール貼って……
見てるだけで、
妄想が ふくらんでいく。

シンプルな「素材的アイテム」は、こんな

PP袋
PP袋

これらに、シール・ハンコ・テープなどをほどこせば、
オリジナル「おくる」グッズができあがる。
（このあとの頁で紹介していきます）

そうじゃない、使い方

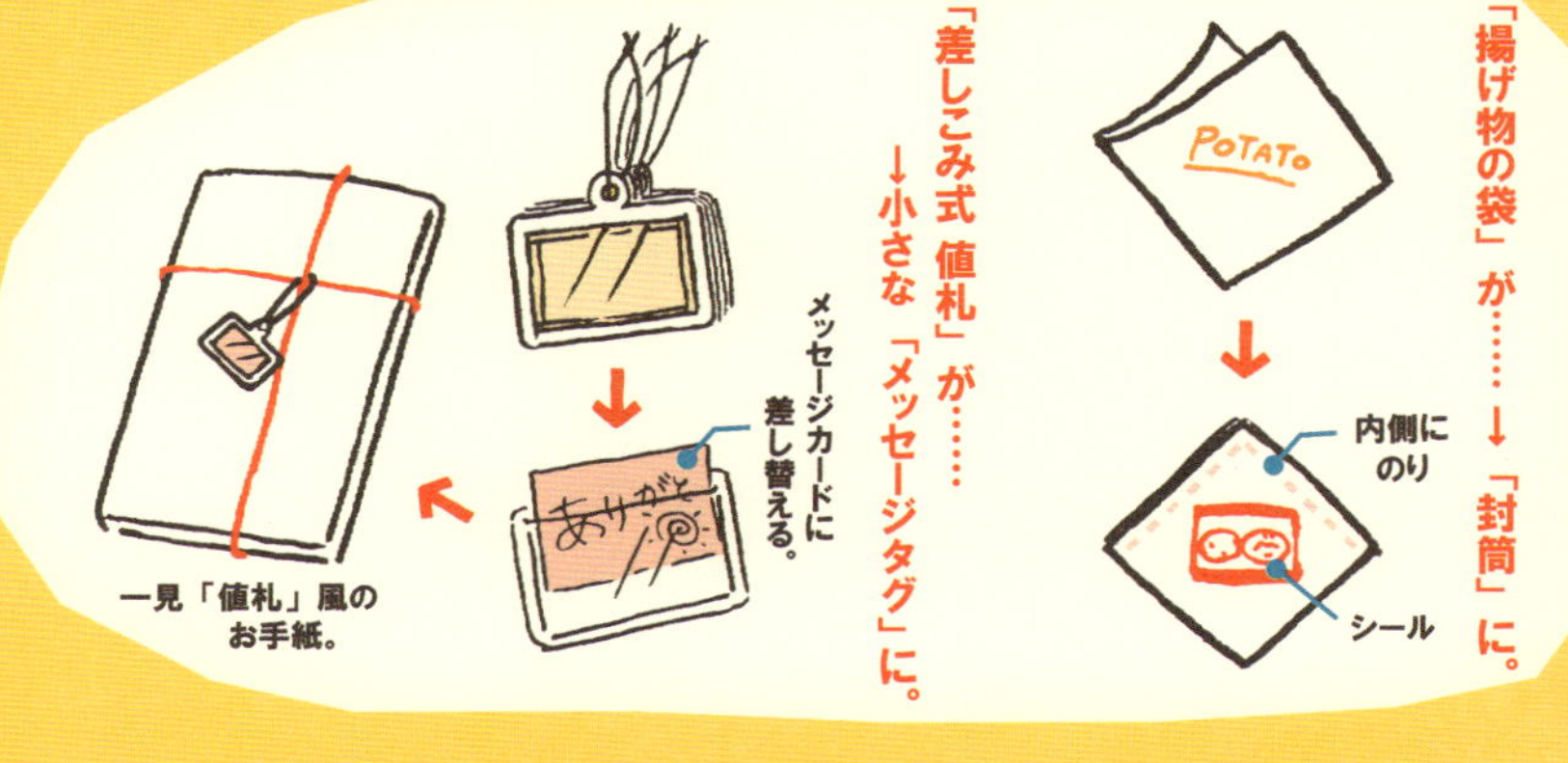
「揚げ物の袋」が……↓「封筒」に。
POTATO
内側にのり
シール
「差しこみ式 値札」が……
↓小さな「メッセージタグ」に。
メッセージカードに差し替える。
ありがと
一見「値札」風のお手紙。

夢みたいだった、紙材工場

昔住んでいた町の、大通りから一本入った通りに、紙の工場があった。
印刷用の紙を扱う会社。
ある日、その工場の前を通ると………………

門の脇にテーブルが置かれ、そこに、さまざまな**紙の束**が並べられていた。

近づいて見てみると、束ごとに帯が巻いてあり、マーカーで値段が書かれている。

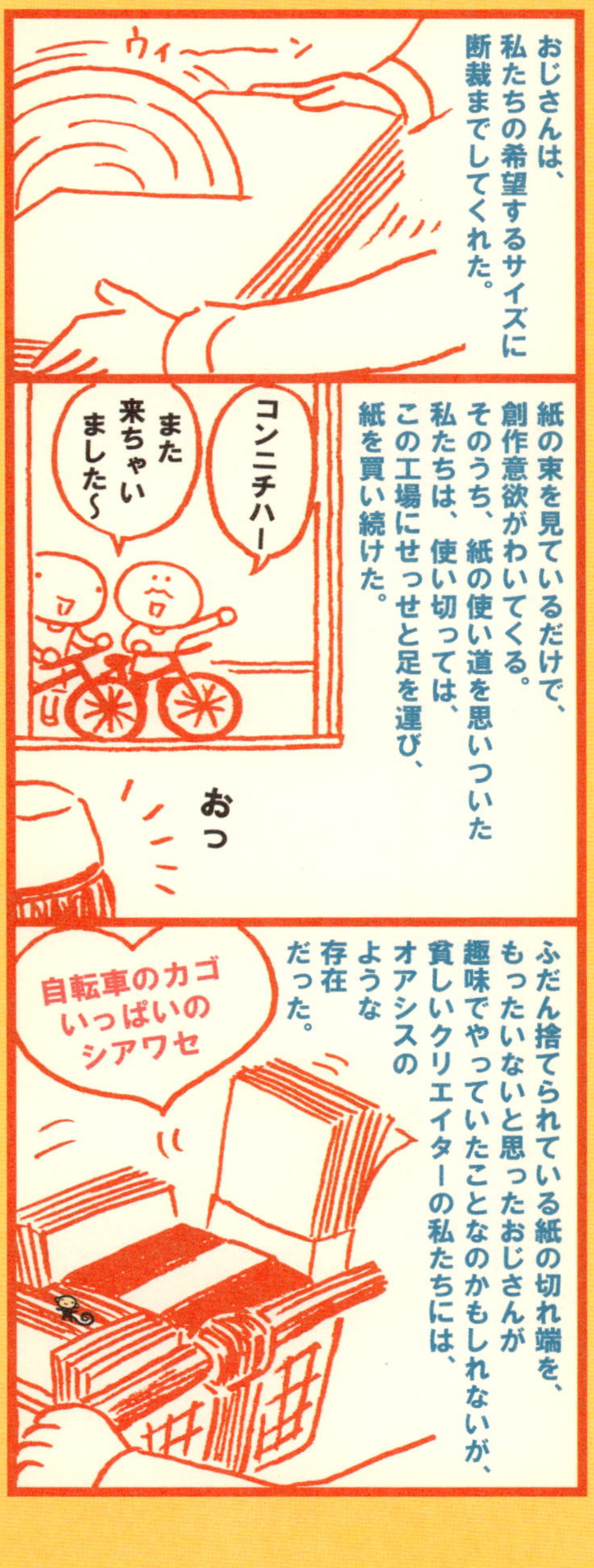

ウィ〜ーン
おじさんは、私たちの希望するサイズに断裁までしてくれた。
紙の束を見ているだけで、創作意欲がわいてくる。そのうち、紙の使い道を思いついた私たちは、使い切っては、この工場にせっせと足を運び、紙を買い続けた。
コンニチハー
また来ちゃいました〜
おっ
ふだん捨てられている紙の切れ端を、もったいないと思ったおじさんが趣味でやっていたことなのかもしれないが、貧しいクリエイターの私たちには、オアシスのような存在だった。
自転車のカゴいっぱいのシアワセ

カラーの厚紙、繊維の入った和紙、買うと高いラシャ紙……
用途が決まってない、これらの紙の束を、
何に変身させるか考えるのが
この上ないヨロコビの時間だった……………

そしてある日、
いつものように
自転車に乗って、張り切って向かうと……
工場は、なくなっていた。
突然、あとかたもなく。
おじさぁーん………

一番の用途は「便箋」づくり

プリントゴッコや手づくりハンコで、イラストを入れたレターセットをつくり、フリマで売りました。

その他にも、厚い紙ではPOPを作ったり、ペンダントの台紙にしたり…ここの紙から、たくさんのものが生まれました。

ちょこっとやってみる？

k.m.p.の、ラッピング

縁あって（？）
私たちの手元に集まった、
お手頃な材料たち。
それらを、
どーにか
こーにかして
できあがってきた、
k.m.p.
のラッピング。

そんな
おなじみの荷姿、
並べてみました。
すべて、
素朴な手づくり感を
大切に考えております…
（ものは言いよう。）

シンプルな、袋＆箱

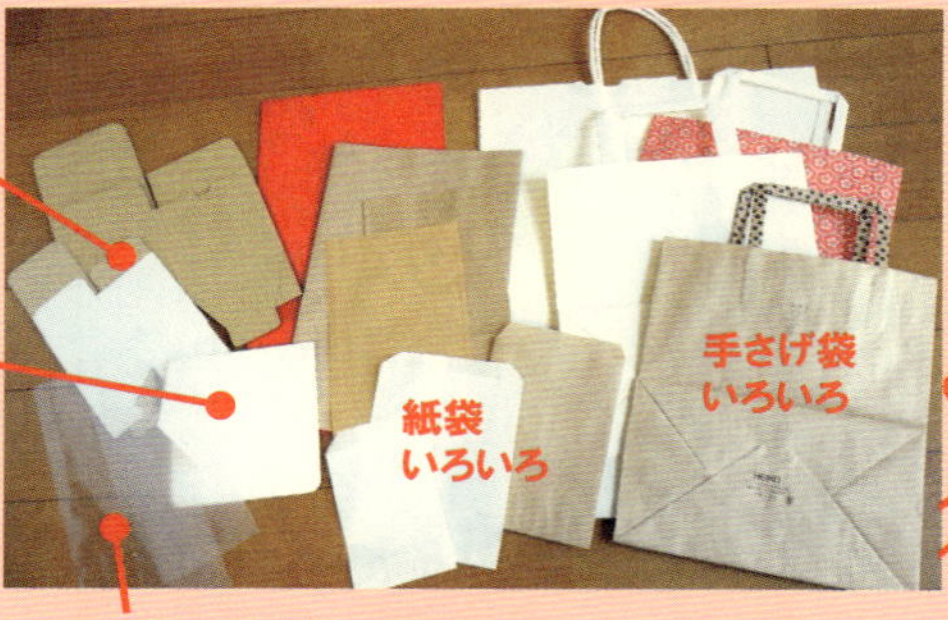
クラフトの箱
紅白まんじゅう用の箱
ツヤツヤ透明PP袋
紙袋いろいろ
手さげ袋いろいろ

あんまり色はいらなくて、アクセントに赤があれば充分かなぁ

一見かわいくないものたち

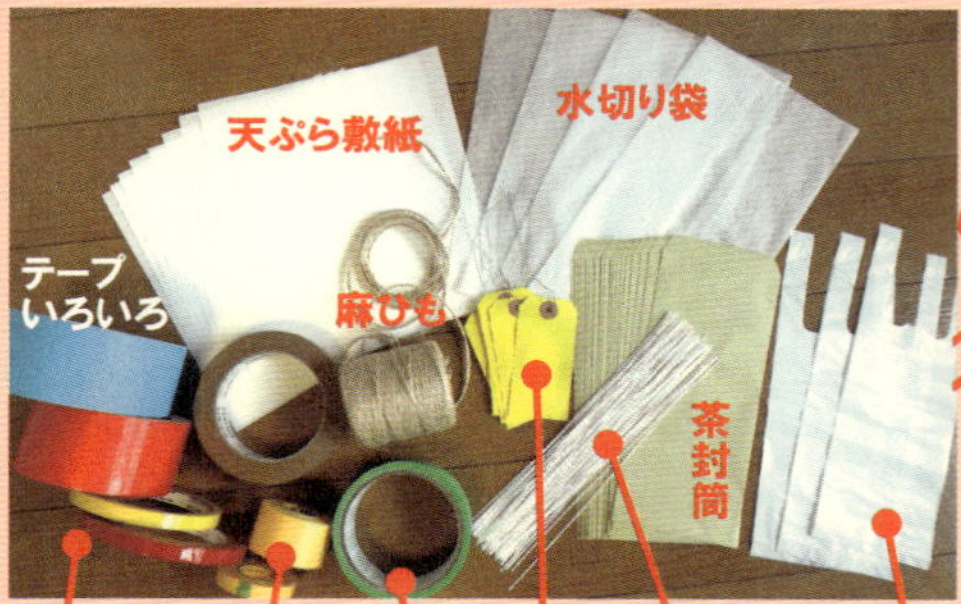
天ぷら敷紙
水切り袋
テープいろいろ
麻ひも
茶封筒
パン屋さんで見かけるテープ
業務用マスキングテープ
手でキレイに切れる養生テープ
昔ながらの（？）荷札
こより
妙にかわいいちっちゃいレジ袋（みそ汁用って書いてある）

「正体」こんなですんません。でもかわいくしちゃうよ

ラッピングの例

手づくりパッキン
大きなクラフトの箱
ほっぺに、ちゅー。

商品用パッケージ

袋

無地の袋に、ハンコを押したり、シールを貼れば、それだけで、お店の袋みたい。

不織布の水切り袋に、商品をふわっと入れて、麻ひもでしばれば、中身が透けて見える「袋」に。

麻ひも→

同じ水切り袋でも小さな穴のあいてるタイプは、いかにも…だからチューイ！

↑これにもハンコ押せます。

←袋の一工夫。
とじる方向を変えるだけで立体的な袋になり、ちょっとした保護の役目も。

箱

こんな箱に入れるだけで、商品の価値が上がりそう。ハンコやシールでさらにオリジナル感を演出～

他

100円ショップの布製のテープに、ハンコでオリジナルな模様を付ける。

このリボンは、ケーキ屋さんのを再利用。こちらにもハンコ。

レトロ荷札にハンコ。タグみたい。

PP袋

透明の袋にもひとつ工夫して、「商品っぽく」してみる。

透明なPP袋のひらき部分を、オリジナル柄を印刷した紙ではさみ、ホチキスでとめる。これだけでちょっと商品ぽい。

↓ホチキス
↑半分に折る

こっちは はさむだけタイプ。

←こより
↑わっかにしても
↑パンチ穴
↓↑麻ひも
↑結ぶ

PP袋にパンチ穴をあけ、そこに、「麻ひも」や「こより」を通せば、ミニミニバッグのできあがり。持ち手にもなって、商品も飛び出さない、スグレモノ。

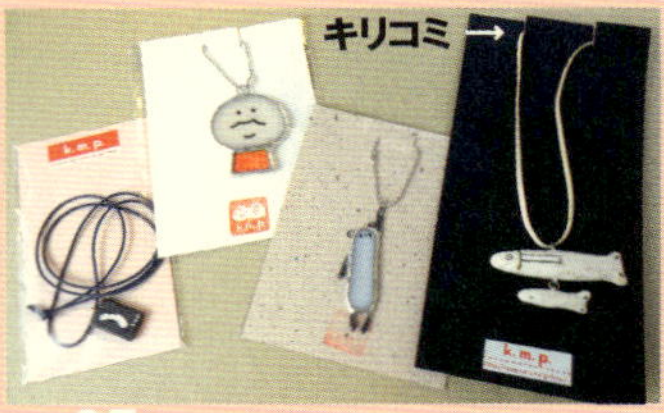
キリコミ→

PP袋のサイズに合わせて切った厚紙に、ハンコを押して台紙に。上にキリコミを入れれば、ひも部分を固定できます。

うしろの相棒 1

２人の間のやりとりも、言ってみれば、「おまけのキモチ」のおくり合い。面と向かって言えばいいことも、わざわざ手紙やメールを使って、絵や文字で伝え合いたいという、妙な欲求。

昔、こんな小さなFAX機を持ってました。

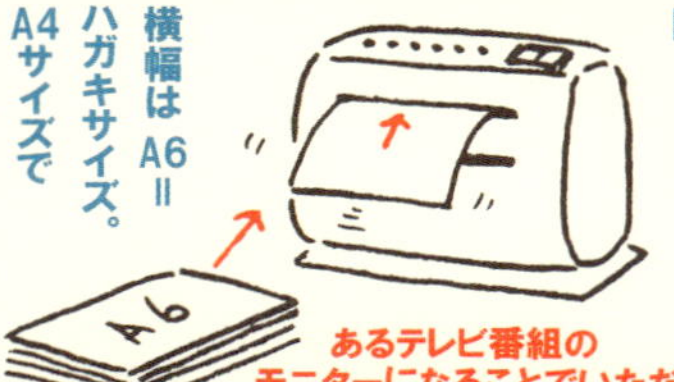

あるテレビ番組のモニターになることでいただいた。

横幅はA6＝ハガキサイズ。A4サイズで送られてきたものも、縮小されて出てくる、不思議な一品。

極貧すぎてFAX機が買えず、でもそろそろ持ってないと仕事に支障が…という頃だったので、重宝していた。

でも、この、ちっちゃく出てくるかんじがかわいくて、つい、仕事以外にも、愛用……

まじめに、先々の野望なんかをかいて送り合ったり…

"今日の失敗"を絵にしてみたり…

架空のお菓子、新発売とか…

時々、ろくろ首がやってきたり……

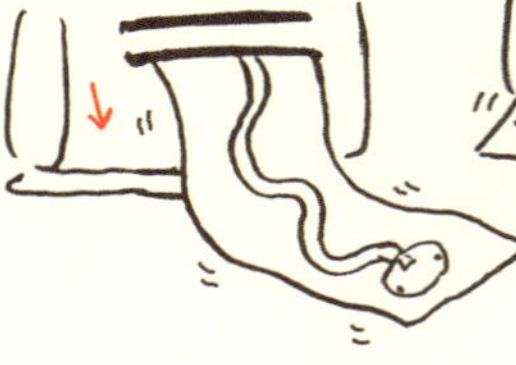

相棒を笑わせたい一心の、夜中のFAX合戦。

毎日顔を合わせてるのに、帰宅後ずっとやってた。「絵と手書き文字」での速攻のやりとりは、メールとも手紙とも違った味わいがあって、たのしかった。

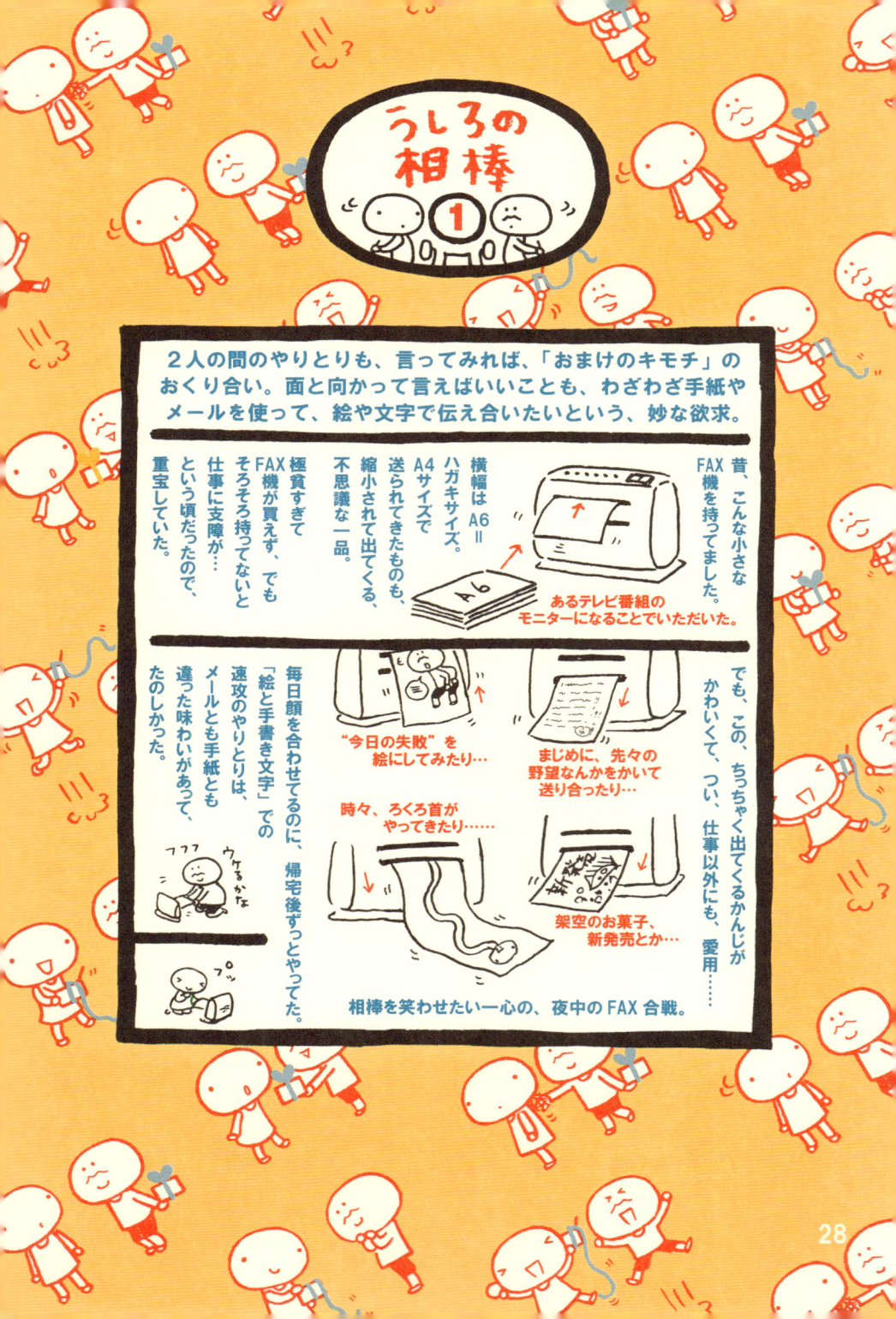

第2章

おまけのキモチをのせて お仕事で、おくる

お仕事だけど、あそびたい

お仕事のやりとりは、
ナカミが まじめなだけに、
おまけゴコロ、 あそびゴコロの血が騒ぎ、
どーにかして
おまけのキモチを添えたい衝動にかられる。
受け取って 封をあけた時、
ちょっと たのしいキモチに
なってくれたらいいな、
びっくりするかな、 あきれるかも……
相手の顔を想像しながら、 キモチをこめる。

それを見て、「よし！ こっちも」と
受けて立ってくれたら、 なおうれし。

仕事関係ではあるけど、
人として大事にしたい間柄だから、
〝おまけのキモチのおくり合い〟。
そしてお仕事そのものも、
さらに たのしくなってくる。

……って思ってるのが私たちだけじゃないといいけど……

こんなに描いたらだめかな？
うわっ… だ… 大丈夫じゃない？
くるっ
くるっ

一応、おくる前に、加減を 確認します。

「文字だけ」だと、
どんなキモチなのか
温度が伝わりにくいな…と思う時は、
イラストで、
表情や動きを付け加えたり……
〜〜の場合も同じ　〜〜と思います〜
ところで〜〜ね。
それでも〜〜です。
かもしれません。
では、〜〜!!
ですか?
本様
〜ました!
ですけど、
ところです。がっ
〜だったり?
ほかに、〜〜とかも♡

今の、こちらの状況・状態を、
ひとコママンガ風にして伝えたり……
ちゃんとやってますよ〜
それでは〜
再来週ラフおみせできまーす
しようと思ってます〜
じゃ、2週間留守にしま〜
行ってきまーよろしくです
お願い事なども、
ふきだしで、
しゃべってる雰囲気にしてみたり。
〜なので　〜だと〜　〜と思い、
そんなワケで　〜かと、〜
なるべくは〜〜と　思ってます!!

箱詰めにしたあと、
見ためがさびしいとつい……
じゃ、そろそろ発送してくるかー
あっちと待って
なんかさびしーから、顔描いとくゎ
あまり凝っても引かれちゃうので、
封をする直前にササッと、
で、止めとくのがコツです。

まじめ、時々エスカレート

ポニョ似の、担当編集者 Aさん。
彼女とのやりとりは、
3冊目を共につくる頃には、すっかり
「びっくり箱」のおくり合い、になっていた。
ちょっとしたイラストを添えるとか
そんなことでは おさまらなくなり、
びっくり！ でも、ハテナ？ でも
どっちでもいいから、
とにかくウケたい一心で、
「おまけのキモチ」……というより、
「おまけのブツ」を同梱していました……

そんなブツにも、一応
「差し入れ、ねぎらい、いやし、なごみ」
…などの、キモチは こめていて、
いずれにしても、
〆切間際の焦燥感や緊迫感を、
笑いで溶かすためだったりして、
だから、そこに
力を注ぎ合っていた気がする。

……の一部

ブツのはじまりは
インスタント
みそ汁だった。
みそ汁
みそ汁
みそ汁
みそ汁

みつかっちゃった♡
くしゃくしゃに丸めた
パッキンを広げると…
（気づいてもらえない
場合もアリ）

よし、今回は
コレだな！
これはきっと
思いつかないよ
ね…

この、**なんだこれ合戦**も、
最初は、〝封をする前にササッと〟
に、とどめておこうと
思っていたのですが、
なんだか、お互い
期待されている気がして……
箱に入れるネタを探して、
部屋中を30分以上、
ぐるぐるぐるぐる
ウロウロウロウロ……
そんなことが何度もありました……

「連日深夜残業」、
ときいた時には、
こんな差し入れイラスト。
（イラストだけ。ブツはナシ）

こんなもの入れてた……

温泉の素は
「時々は、早く帰って休んでね」
のメッセージ。

魔法の粉まみれの
おせんべいは、
速攻シアワセの素。

「あめ1個」というのは
定番のブツ。

ダブった、食玩。
（迷惑系・苦し紛れ）

なぜか、手づくりのお面。
（困惑系）

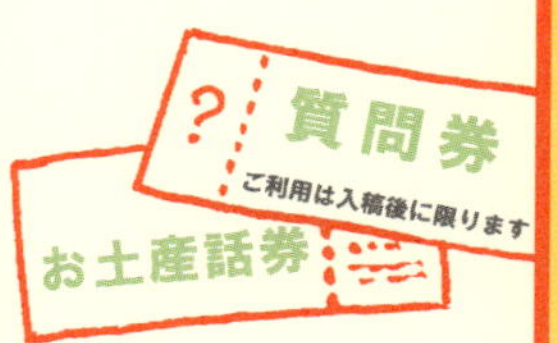

唐突に
「○○券」発行。

普段は縁のない「音楽業界」の人、Bさん。
カルイ？ コワイ？
……と緊張していたら、
ギャップ激しく、
謙虚で かんじの良い方で、
そしてちょっと、気の弱そうなかんじ。

連絡を取り合う中、
恐る恐る彼の似顔絵キャラを描いて
送ってみたら……
…すごく大はしゃぎで（イジられずき？）
返信に、自分の写真をコラージュしたもの……

かわいい はしゃぎっぷりに
こちらも たのしくなって、
「文面は ずっと丁寧をキープしつつ、
添えるイラストはふざけてる」…
という、ちょっと不思議なやりとりが
続きました。

こちらも、そのネタをひっぱる……

アーティストさんにイジられて
アイプチされている様子を
写真入りで送ってくれたり…

絵じゃなくても、おまけのキモチ

……と、私たちの場合は、こんなふうに→
「イラスト」でキモチをあらわしたり
するけど、こんなモノたちを
ちょっと添えるだけでも
おまけのキモチは きっと伝わる。

たとえば、
・かわいい一筆箋、
・書類や手紙に付けるクリップや付箋、
・それを入れるクリアホルダー、
・輪ゴムやシール……

これらを
「戻さなくてもOK、
もし気に入ったら
もらっちゃってください」
そんなつもりで。

でも時々、戻してくれちゃった時は、
ちょっと心配になっちゃったりする。

あっ あれっ？
お気に召さな
かったかな？
コレ…

クリップいろいろ

自分で使うとなると、買うのが もったいない気がするけど、
人にあげると思うと、買いたくなるから不思議。

ブヒー

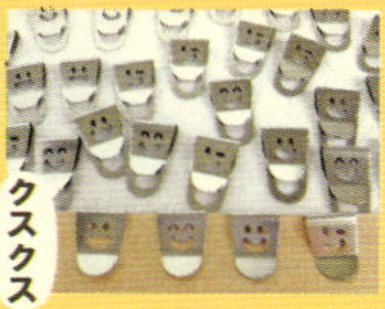
クスクス

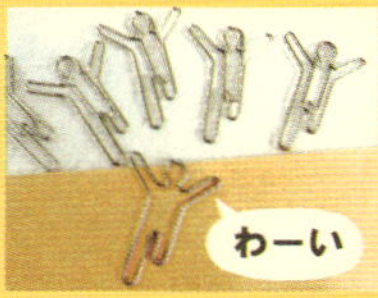
わーい

↑これは、
もらっちゃったクリップ。

パンダクリップは
最後の1コ。

木のクリップも
かわいいの。

柄物も増えてきた
ダブルクリップ。

海外で調達～

海外のものだと、相手が知ってる
確率が低いので、おすすめ。

←フランスモチーフの輪ゴム

↑これもフランス製。
なんの形か わかる？

↑よく見ると
国土の形に
なってる。

↑アメリカの
カラフル
輪ゴム

付箋など

あれ、パンダ
ばっかりだ…

クリアホルダー

オリジナルのものは、
戻ってこない率が高い。
（別のものに差し替わってくる）

気に入ってもらった
ってことで

和み、いただきました

もう、長らく担当してくださってる、Cさん。
今は編集長となって、さらに忙しい身となり、
彼女からの発送物は ほとんど、
アシスタントの方によって送られてくる。
だけどそれでも、必ずそこに**手書きで一筆**、
メッセージを同封してくださる。
絵が苦手と言いながらも、
私たち2人の丸顔を描き添えてくれ、
それがだんだん上手くなってきたりしてる……

そのCさんの、さらに上のエライ人、Dさん（男性）。
その方はいつも、仕事とは関係のない話題の
メールで和ませてくれる…………
その、**一見ムダ話**は、じつは、
仕事で不協和音が生じそうな……その
3段階くらい前の、絶妙なタイミングで
送られてくることを、私たちは知っている。
その、細やかさ、気配り、やさしさ、感性……
こんな男の人っているんだねー、と
いつも、和みながら、やりとりしています。

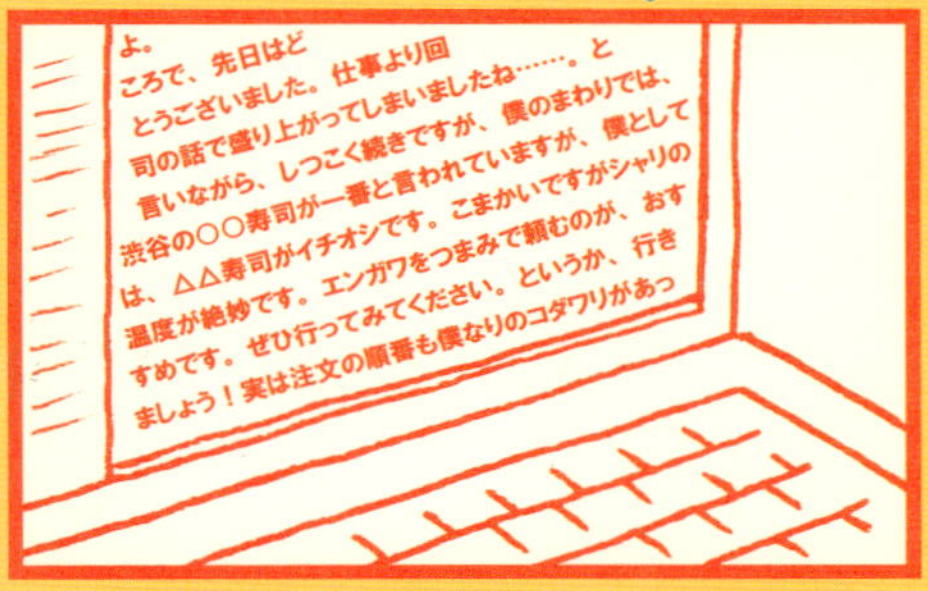

ごあいさつ程度に 近況ネタを添えることは、
ごくフツーのことだけど、時々、「添える」を
通り越して、用件以外のことがメインとなり、
そのやりとりが止まらなくなることも………

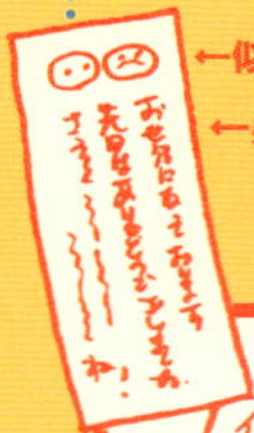

←似顔絵も。

←必ず手書きのひとことが。
見習わなくちゃ、と思います。

送った原稿のフィードバック

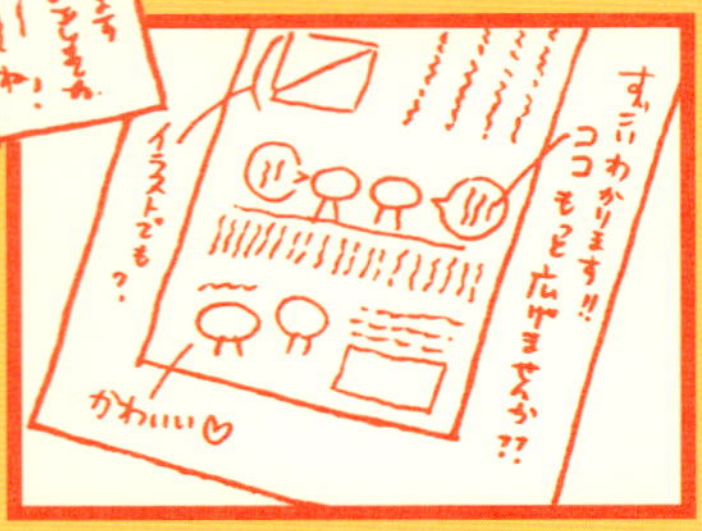

いつも、いいところを拾って
コメントをくださる。
もちろんそれは「ダメ出しの前置き」
ってこともあるけど、
そんな配慮自体が、ありがたくうれしい。
いつもやる気を促してくれる
Cさんからのおまけのキモチに、
私たちは仕事でお返しできるよう、
がんばろうというキモチになります。

私たちに送ってくださる荷物が、
いつもとってもステキな作家さん、Eさん。

段ボール箱をあけると、その中にまた、
手づくりの「箱」がたくさん入っている。
そしてその箱には、番号がふってあり、
お手紙の説明を見ながら、
1コずつ、順番にあけていく………
その、ゲームみたいな、
「箱をあけていくワクワク」は、
Eさんからの　おまけのキモチ　そのもの……

そして、お手紙の最後に、
「お仕事の合間にどうぞ」とあり、
そこをたどると、
お菓子などが入っている。
「すきまが　できちゃったので」
なんて言ってくださるやさしさにも、
ぽわ～んとしてしまいます。

えーと次、3番…
ほー、なるほど、2番のヤツの、素材を変えたタイプだって
ー……
ええと、「これのほうが作業的に……
わ、ほんとだ、ふわふわで雰囲気が違うね
……次は4番？

おまけのキモチが
ぎっしり入った詰め合わせ

お手紙が入った封筒に
封をしていないのも、
再利用できるようにっていう
心遣いかなと思う。

プリン

すきまの
「プリンの素」。

順番通りに見ていくことは、
たのしいということだけじゃなく、
相手にきちんと伝えるための工夫でも
あるんだということがわかる。
たのしくて、わかりやすく
＝相手に負担がかからないようにする工夫。

それにしても、
この、ちまちましたかんじ……
「仲間」のニオイがします………

「仕事におまけ」…のきっかけ？

はじめて本をかいた時の担当だった、Fさん。
50代のベテラン編集者、でも ちょっと
とぼけたおじさん……という印象。

私たちは それまで、
「本」に関わる仕事をしたことがなく、
どこから手を付けていいのかも
まったく わからなかった。
「作家」という立場も、この時が はじめて。

にもかかわらず、私たちは、
書類などの発送物に、
シールをペタペタと いっぱい貼ったり、
質問を、マンガ形式で描いて FAX したり、
畏れ多くも ふざけたやりとりを
していたと思う。………けど、
それは、Fさんも 私たち宛に、
同じように ヘンなもの を たくさん
送ってきてくれたからだった…………

Fさんとの、「おもしろがらせ合戦」たとえば…

突然 FAX で 脈絡もなく 「怪獣の絵」が おくられてきたり…
いたずら？……
…いや、Fさんからだ……
カカカ

k.m.p.

パタパタ

↑
オリジナルのシールや
手がきのイラストで、
封筒を埋め尽くす。

こちらからは、
A4サイズに、
5ミリほどの
イラストだけとか……
カカカ
さるむし
見える
かな〜…？

こんなハガキが
来ることも。
（わざわざ、郵便で…）

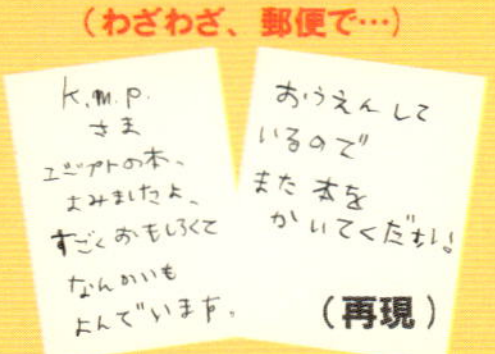
k.m.p. さま
エジプトの本、よみましたよ、
すごくおもしろくて
なんかいも よんでいます。
おうえんして いるので また 本を かいてください！
（再現）

「小学生からの感想文」
というテーマ（?）で。
（たぶん左手で かかれたんだと思います）

久々に編集部に伺った時、
Fさんが小脇に抱えて持ってきたファイルを見て、
おどろいた。

これまで私たちがペタペタと貼っておくった
シールやら何やらを、すべてきれいにはがして、
ファイリングしてくれていたのでした……………

Fさんとの、やりとり………
ヨノナカには、こんなふうに、
型に はまらない、あそびゴコロがあるオトナがいるんだ、
……って、うれしかったのをおぼえてる。

一番はじめにFさんに出会えたから、
今の「こんな私たち」が いる気がする。
仕事にも、「おまけ」や「あそび」が
あっていいんだよ、って 教えてくれたFさん。
今は天国に行ってしまったけど、
彼に恥ずかしくない仕事をしていきたいと思います。

ほら♪
おもしろいから
とっといたの♡
え
なんだか
恥ずかしいけど、
うれしいね
そーっとそーっとはがして、
大事に貼ってくれたようす……
ちょっと自慢げに広げ、
そして、なぜか丁重に
ページをめくる
Fさん…
他のページには、私たちが おくった、
手紙や FAX も……

ちょこっとやってみる？

会社でも できそうなこと

「仕事のやりとりにも、
あそびゴコロ と おまけのキモチを」
……って言ったけど、もしかして、
まっとうなお仕事の方々には 参考にならない……？
と一瞬立ち止まったけど……思い返せば、
まっとうな会社員時代から すでに やってました……

もちろん今よりは「控えめ」でしたが、
それでも、社内での伝言メモや、お客様へのFAXなどで、
こんなふうに、小さくあそんでいました。

最近では、
手がきで やりとりする機会が減ったけど、
そんな今だからこそ、ほんのちょっと
手がき文字や、小さなイラスト、
そして、一見ムダ話……を添えるだけで、
ココロが伝わるんじゃないかなと思います。

社内や、親しいお客様との
やりとりには……

- 手がきのひとこと
- 顔マーク
- 手がきの署名

などを添えて。

石井様
ということになりました。
よろしくおねがいします。
ということになりました。
ということになりました。
よろしくおねがいします。
ということになりました。
なかがわ。
報告書
ムラマツ

顔マーク入りの署名。
署名は、会社員時代から、なぜか自然に、
ひらがな と カタカナ でした。
（なかがわ）　（ムラマツ）

会社員時代には できてた、自分の顔マーク

髪の毛を描くのが面倒になり……丸坊主に。

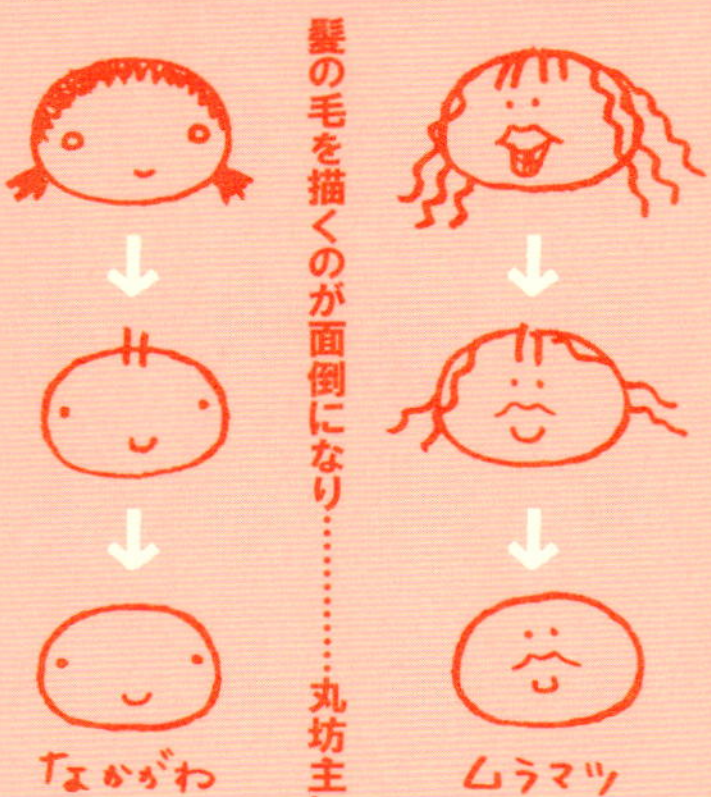
なかがわ
ムラマツ

カンタン自分流

「イラストなんて描けない」
「毎回描くなんて大変」……
そんな方には、こんなのも。

テンプレートをつくっとく

あらかじめ、こんなふうにオリジナルの用紙を
つくっておくと、そこにかきこむだけで、
手がきの雰囲気が出せます。

FAX用

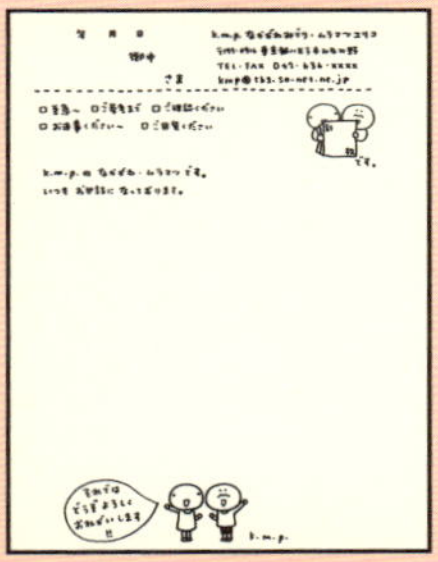

書類の表紙用

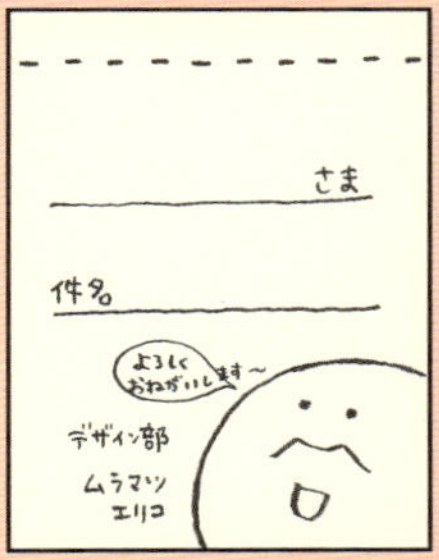
さま
件名
よろしくおねがいします～
デザイン部
ムラマツ
エリコ

一箇所でも手がき文字

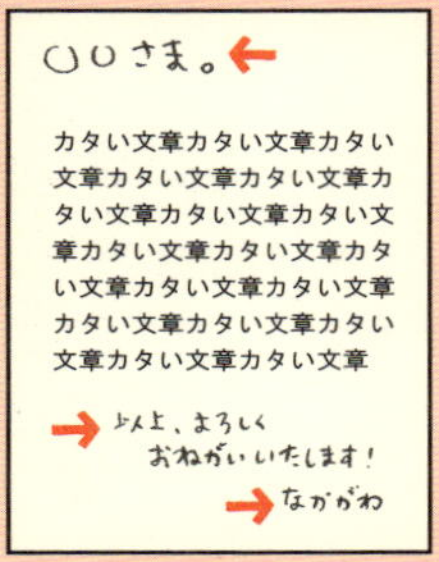
○○さま。
カタい文章カタい文章カタい文章カタい文章カタい文章カタい文章カタい文章カタい文章カタい文章カタい文章カタい文章カタい文章カタい文章カタい文章カタい文章カタい文章カタい文章
以上、よろしくおねがいいたします！
なかがわ

「宛名」だけでも、
「よろしく」のひとことでも、
「署名」だけでもいいので、
どこかに手がき。

メールに…

@@@@@@@@@@@@@@@@@@@
(・ｏ・)（ ¨μ ）@ k.m.p.
なかがわみどり・ムラマツエリコ
kmp@tb3.so-net.ne.jp
@@@@@@@@@@@@@@@@@@@

メールの「署名」に、オリジナルの顔文字を。

相手を わきまえることも、だいじ

会社内での2人のやりとりは、
突然ヘンな置き物が登場したり、
おどろかせたり、笑わせたり…

首が揺れる。→

ある日のペーパーウエイトは、
貝殻製のカメの置き物。
このために江の島で買ってきた。

一方、後輩への伝言には、
お菓子を添えたり、
上司には、
かわいい付箋やメモ帳程度で
おさえ気味にしておりました…

お…、おこってます？

以前担当してくださっていたベテラン編集者Gさん。
その方から送られてくるものは、たいてい、
お手紙どころか、内容に対する説明もメモもナシ、
何年も前の原稿が突然返却されてきた時も、
ひとこともナシ。
ヒドイ時は、伝票に名前もナシで、
慣れるまでは、コワかった。
しかし、そこから学んだコトも……

この、
「なんにもナシ」って、
悪気はないにしても、
ゼロどころか、
マイナスのメッセージとも
とられかねないよね……
おこってる意思表示
とか……

そだね。
「おまけのキモチ」って、
相手によろこんでもらい
たい（とかウケたいとか）
だけじゃなくて、
誤解を招かない、とか
相手を不安にさせない、
ってイミもあるの
かもね

ね。

お 手紙は おまけのキモチの 原点に

お手紙交換、やったなー。
小学生の頃は、お気に入りのレターセットに
ワクワクするモノを いっぱい詰めて……

中学生になると、授業中に やりとりしてたね。
カラフルなペンを使ったり、
「折り方」に凝ったりして……

手紙って、手がきだし、
「モノ」のやりとりだから、
デジタルより個性が出て おもしろかったなー

中学の頃は 世界中の人と 文通も してたよ。
毎回 違うレターセットを使って、
必ずそこに、小さなプレゼントを入れて、
（文房具とか、メモ帳とか、シールとか…）

それが……「日本のかわいいモノ」
効果が絶大だったのか……
国際郵便とはいえ、すごいサイクルで
返事が来るようになっちゃって、
それが10数人だったから……

手紙を かくのが
追い付かなくなっちゃったんだね……

その通りです……

……そんなふうに、手紙をかく機会は
かつてより 少なくなってしまったけど、
その、おくりたいキモチや
おまけを付けたい衝動は、
今、通販の発送作業や 書籍づくりで
引き継いでいるのかもね。

そうか。それらが、
今の私たちにとって、「お手紙」なんだね。

この性分は、一生 変わらなそうだねー

それを100gを越えないように工夫して詰めて…
もう、その作業が たのしくて……

……肝心の手紙も かいてたんだよね……？

う、うん。
でも、英文をかくのは 苦行に近かった……
今思えば、「おくる」ことが やりたかったのかな。
日本の かわいい文具や雑貨を、
世界の人に 見て欲しかったんだと思う。

反応は どうだった？

あの頃から 日本の雑貨は
すごい人気だったよ！
そしてもちろん、相手から おくられて
くるものも、魅力的だった。
変わった紙質の便箋、サイズの違う写真、
個性のある文字、ほのかなにおい……

そっか、その国の質感が、ポストに届くんだね。
手紙ってすごいね。
……文通は、今でも続けてるの？

軽くて安くて
かわいい、
日本からの おまけ〜
うーん……
でもこれ
1枚しかないから
やめよーかな
折り紙
ギフトショップ
のおまけ
フェルトでつくった
マスコット
写真
しおり
メモ帳
キレイな色の
ボールペン
シール
ハンカチ
便箋
かわいい
エンピツ
と
かわいい
キャップ
お菓子の
おまけ
柄つきティッシュ
ポストカード

うしろの相棒 2

仕事中、うしろにいる相棒に、書類を渡す。ただ渡すだけでは芸がないし、ノッてるとき声かけるのも悪いし…と、間にある棚（通称やりとり島）の上に、こっそりのせて とぼける習慣。

なんとなく ふり返って そこにあるのを 見つけた 相棒に……
おっ
もう できあがったのっ
――なんて 反応をされると、ちょっとした、「おどろきの おまけ」。
…をおくった気分。
ついでに、ウケたい欲求で、思いついたものを、「ペーパー ウエイト化」。
インコ フィギュアの 熱いキス
うっ
そして、相棒が「うれしい反応」を付けて 戻してくれるのも、おまけをもらった 気分。
やっぱ コレか フフフ
そこには 時々、「あとはよろしく♡」用「ワイロ菓子」。
*札束は 入って いません。
だ、大好物で 攻めてきたっ……
それも2つ…
ooo

ちょっとおどろかせたい、なごませたい、そしてやっぱりウケたい…そんなキモチをのせた、受け渡し合戦。

第3章

おまけのキモチをのせて

親しい人に、おくる

オトナの「贈り物」にも おまけのキモチ

オトナとも なりますと、
なにかと「**贈り物**」をする機会があるものです。
お祝いやお見舞い、季節のごあいさつ、お返しの品……
その中には、たのしいばかりじゃなく、
お付き合い、社交辞令、習慣、義務……ってものも。

でも、せっかくお金と時間を使って おくるのだから、
あともうひと手間、「おまけ」を加えてみる。
たとえば、梱包に もうひと工夫する。
たとえば、小さなメッセージを添える……
それが、**キモチが伝わる**魔法。

カタチだけに なりがちな「ごあいさつ」ほど、
そこに、おまけのキモチを添えて。

自分で選んだんだよ、
義務で おくってるんじゃないよ、
気に入ってもらえるか どきどきしてるんだ、
会えないけど いつも気にかけています……
そんなキモチが 伝わるように。

お年玉
バレンタイン
クリスマス

父の日
母の日
敬老の日

お年始
お中元
お歳暮

誕生日
記念日
ごほうび

お土産
おすそわけ
旬のモノ

お礼
お返し
寸志　粗品

お祝い
お見舞い

サプライズ
思いつき

こんなふうに

いつも
ありがとー
k.m.p.

カードや
一筆箋に
こんなひとことでも充分。

たとえば、職場で配るチョコには…

おまけのひとことシール

毎回言うのもナンだから、こんな日に。…感謝してます
愛 恋 情 義 慈 媚
☑いつもありがとう □義理です □すきです!
愛をこめて ××より
いつもありがとう!! ××
××より。いつも助けてくれてありがと

ひとつひとつ書くのも面倒だし重たい…
という場合には、手書きメッセージを
「コピーしたもの」を貼り付けるのも、
微妙にキモチを伝えられていいかも。

そこに、ちょこっと書き足したり、○や✓を入れたり。

メッセージ、どんなものに かく？

高価な2つ折りカードや、レターセットもいいけど、
最近種類が増えてきてる「一筆箋」が、
さりげないかんじでおすすめ。
「付箋」も、メッセージをおくる用の商品が
多く売られてる。いくつか買っておくとたのしい。

手づくり一筆箋

手づくり紙モノは
72 ～ 73 頁
を見てね。

付　箋

文面を隠せる
折り曲げ式の
タイプが○。

一筆箋

昔は正統派な柄
しかなかったけど、
今は選ぶのに
迷うほど。

買ったものに もう一工夫

そうだ、このすきまに、この前つくった アレも入れちゃおっか！
いーかも♡

買ったものを持ち帰って、
ラッピングし直したり、
なにか付け足したり…して、
ちょっと「自分ぽさ」や
「相手の好み」を入れちゃう。

どんなメッセージにする？

添えるメッセージは、
手書きでオリジナルな内容でさえあれば、充分だと思う。
たとえば、こんな短いコトバでも、
案外、おくったモノより、印象的だったりする。

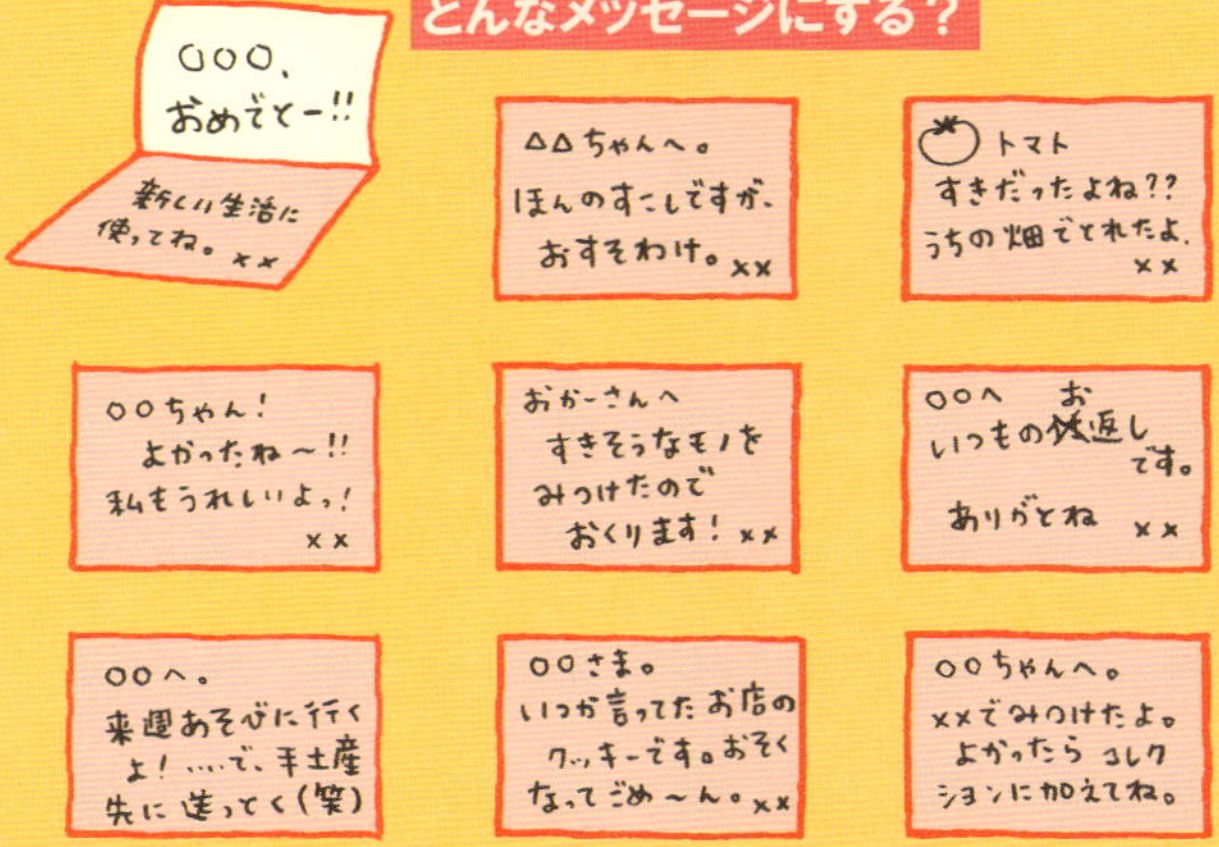
○○○、おめでとー!!
新しい生活に使ってね。××
△△ちゃんへ。ほんのすこしですが、おすそわけ。××
トマト すきだったよね?? うちの畑でとれたよ。××
○○ちゃん！ よかったね～!! 私もうれしいよっ！ ××
おかーさんへ すきそうなモノを みつけたので おくります！ ××
○○へ いつものお返しです。ありがとね ××
○○へ。来週あそびに行くよ！…で、手土産先に送っとく（笑）
○○さま。いつか言ってたお店のクッキーです。おそくなってごめ～ん。××
○○ちゃんへ。××でみつけたよ。よかったらコレクションに加えてね。

◆贈り物を「発送」する場合の、ワンポイント◆
ゆうパック・ゆうメール・宅配便・メール便…には、手紙は添えられません。
「中身の説明」程度のメッセージでしたら大丈夫みたいですが、
ビミョーなので、詳しくは、郵便局などにお問い合わせください～
（ちなみに、レターパック・定形外郵便は、手紙を入れても大丈夫ですー）

ちょこっとやってみる？

メッセージカードと、イレモノ

おくりものに添える
メッセージカード。
ただ添えるだけ、や
シールでとめるのも
いいけど、
お気に入りは
ゴムパッチンカード。
こんなふうに
カードとゴムを
組み合わせれば、
どんなカタチの
ものにも付けられるし、
リボンみたいで
カワイイ。

どんな立体物でも、ゴムなら、
ビヨン、パチンでOK。カードも目立つ。

ゴムパッチンカード

筒でも。
平たくても。
Happy Birthday
円でも。
大きくても。

← 色違いで2本でも。
結ばないでシールでとめても。

つくりかた（ってほどのものじゃないけど）

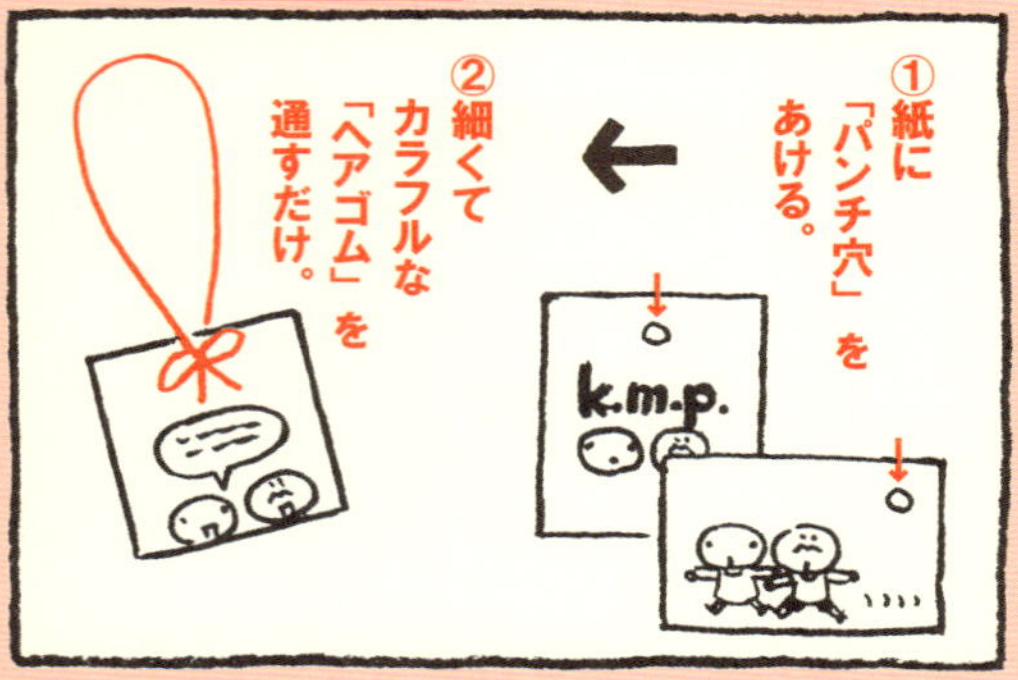
①紙に「パンチ穴」をあける。
②細くてカラフルな「ヘアゴム」を通すだけ。
k.m.p.

4コマでも。
折りたたんでも。

「プレゼント感」が不要な時は、
カラーの輪ゴムでも…

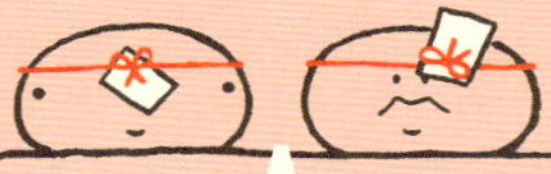

64頁のうしろのふろく（おまけ）のカードでもつくれるよ

おくるモノが、
「お金」や
「ギフト券」の場合…
一見、
あそべなさそうな
気もしますが、
時と お相手を
考慮しつつ、
こんな
イレモノをつくって
たのしんで
みることも。

おくるモノ自体が
シンプルで
無個性なので、
インパクトは
なかなかです。

ポチ袋のつくりかた（ってほどのものじゃないけど）

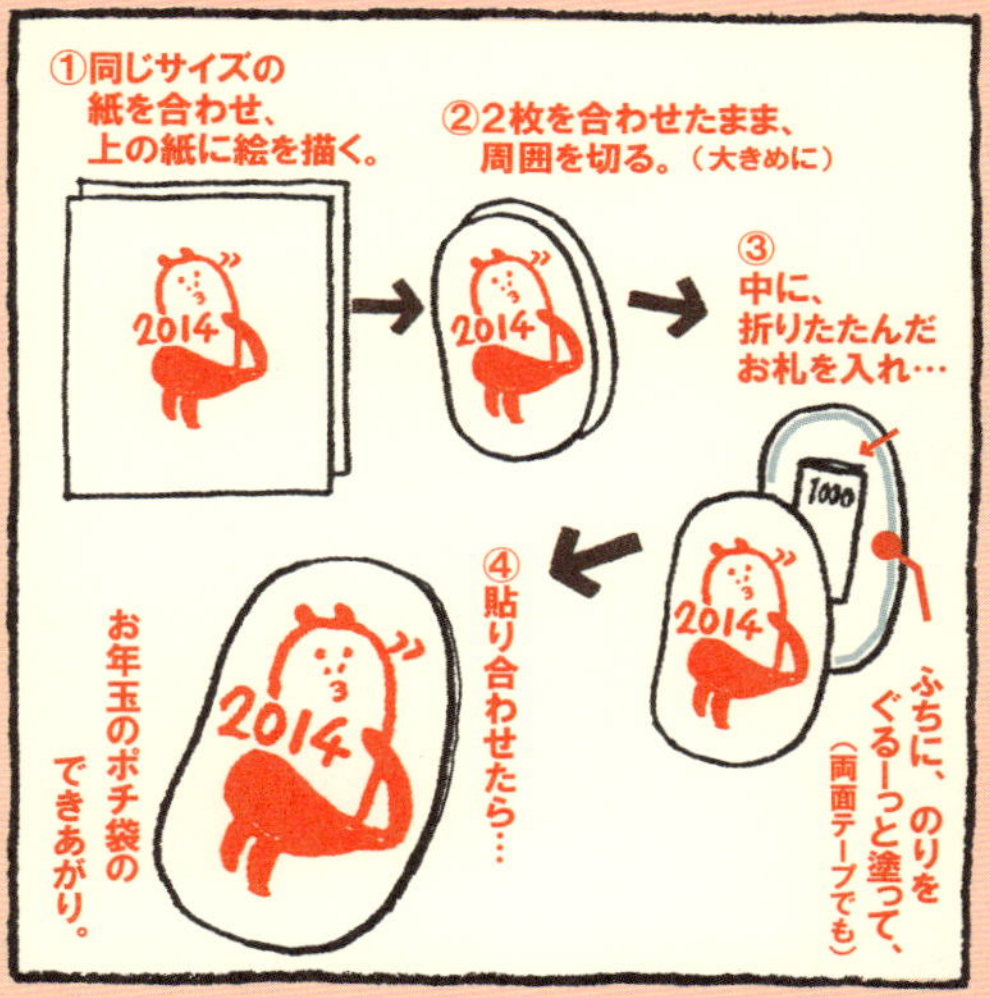
①同じサイズの紙を合わせ、上の紙に絵を描く。
②2枚を合わせたまま、周囲を切る。（大きめに）
③中に、折りたたんだお札を入れ…
ふちに、のりをぐるーっと塗って、（両面テープでも）
④貼り合わせたら…
お年玉のポチ袋のできあがり。
2014
1000

お金などをおくる

2枚貼り合わせの、

サンドイッチ封筒

ちょっとだけよ
ありがとうのキモチです
アケテミテ
おみやげでーす
おめでとう!!

同じカタチに切った紙の間に、入れたいものをはさんでとじるだけ。お札やギフト券の他にも、「写真」「手紙」「メモリーカード」など、平たいものなら、なんでも はさんでみよー

堂々とあそぶのが恥ずかしい時は…

中袋にハンコを押す。

かわいい封筒にとりかえる。

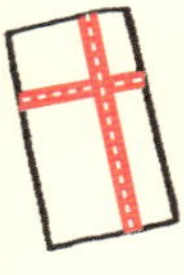
中袋をテープでデコる。

かわいい和紙で包む。

ご祝儀袋で「あそぶ」のはちょっと…そんな場合は「中袋」を工夫してみる。

お見舞い
とか
お祝い
御祝

お祝い袋

（気心知れた友人の結婚祝の場合）

寿
BLANK PAPYRUS
The Making of PAPYRUS

友人の晴れ姿のイラスト。

エジプトで買った、無地のパピルスを使って。

＊ 64頁のうしろのふろく（おまけ）のポチ袋もつくってみてね。

旅のお土産も、おくりもの

仕事でも
あそびでも、
海外に行くことが多い。
その旅先で買ってくる
お土産もまた、
だれかに
「おくる」モノ。

でも、この
お土産選びが
とても ムズカシク……
迷いに迷った挙句
気に入ってもらえず……
をくり返しているうちに
なんとなく できてきた、
自分なりの
ココロエが
コレ……

ご当地グッズは ほぼ ご迷惑？

人にもよるとは思いますが、胸に「I ♡ HAWAII」なんて かいてある T シャツに ウキウキするのは、たぶん行ってきた自分だけ。……なるべく冷静に、客観的な目を保って選ぶようにしています。（頼まれた時と、あえてふざけて、というのはアリですが…）

いつもの人には テーマを決めて

家族や友人など、必ずお土産を買う相手には、毎回 イチから悩むのも大変なので、「テーマ」を決めることにしました。たとえば…

- 母 → ネックレス や ストール
- 妹 → ピアス や ワンピ
- 甥っ子 → 絵本 や 石
- 父 → 良く撮れた写真をひきのばしたもの
- 友人 A → 現地モチーフのシルバーアクセ
- 友人 B → ミュージアム ショップ モノ
- 友人 C → 現地で流行ってる歌手の CD
- 友人 D → 地元民オススメのコンビニ菓子
- 友人 E → 一番ナンセンスな T シャツ

こうしておくと、探すのがグッとラクになる。…だけじゃなく、ふしぎと、宝探しみたいにたのしくなってくる。もらうほうも、次の国の○○はどんなかな、と「安心して」たのしみにできる。

消えモノ ＝ 残らないモノ 推奨

この代表が「食べ物」。もし、気に入ってもらえなくても、「なくなっちゃうもの」なら、相手の負担も少ない。ただ、選ぶ時に気をつけたいのは、「そこの特産」「珍しいもの」「日本では手に入らないもの」…はキケンということ。現地に行ったことがない人にとって、「ちょっと変わったもの」は、食べるのに なかなか勇気がいるものなので、なにより「安心して食べられそう」を 基準に選びます。

○スーパーで

チョコ、コーヒー豆、変わったパスタ、紅茶、フツーっぽいお菓子、現地の人が食べてそうな缶詰…

△市場で …のちにコワイモノになる確率高し

スパイス、調味料、干物、乾物、局地的お菓子……

それ以外の消えモノとしては、カレンダー、キャンドル、石鹸など…。あと、ドラッグストア系のグッズも いーかも。
↑基礎化粧品と薬以外で。たとえば…

とても好評、タイの ふりふりパウダー。

こんなお土産

テーマ「妹にワンピ」

ハデなのがすき＆サイズを気にしなくていい
体型の妹には、トロピカルなワンピース。

テーマ「リゾート地のお土産」

＊旅の最終日に撮る
「買ったもの写真」なので、
自分用のものも入ってます…

↑
メラミンの皿、カレンダー、
ネックレス、小さいグラス
ドライフルーツ…

歯ブラシ
ポストカード
友人に似た人形
クリスマスの飾り →
ストラップ
寝転がって飲めるボトル
扉に貼るプレート

テーマ「スーパーで衣類」

バラマキ衣類は、
日本に売ってそうで
売ってない…くらいの
ビミョーに現地っぽい、
でも フツーっぽい
デザイン…のものを
多めに買ってって、
選んでもらう方式。

「売れ残った」のは自分で使います。

カラフル靴下

テーマ「コーヒー豆」

ホテルのベッドに並べて撮りました。

これはほぼ、自分への「おくりもの」。
ここまで種類があると、すべてが「ハワイコナ
100％」という表示は ちょっと疑わしいけど、
でも、ハワイのコナコーヒーには 時々、
すっごく好みの風味のものがあるので、
知らないパッケージを見かけると、
つい買っちゃう。

テーマ「こどもへのお土産」

「石」や「貝殻」。
オトナは こんなもの…って
思いがちだけど、
こどもは、貝殻ひとつで、
それが生き物だったことに思いをはせたり、
なんてことない石にもワクワクしたりします。

ちょこっとやってみる？

お土産の渡し方

そんな、
お土産を渡す時、
そこに1枚、「写真」を添えると、
ちょっと得体の
しれなかったものが、
安心と同時に、
身近に感じるものになる。
ココで見つけたんだよ
ココで買ったんだよ
こんなとこでつくってるんだよ
……って、
そのモノの「ストーリー」
を添える、おまけのキモチ。
そして、会って渡せるなら、
ぜひ、お土産話という
おまけも添えて。

手渡しする時の、おまけ

この種類のアンモナイトは、この丘でいっぱい見つかるんだよ
ほら、ココにあったのがコレ
ほんとだー
じゃあ、この石はーっ？

アンモナイトの化石（モロッコ）

「サハラ砂漠のね、大砂丘からちょっと はなれたこんなところで、いろんな化石が見つかるんだよ」

「砂漠に近い村の工房で、ピカピカに磨かれると こんなふうになるんだよ」

↓お土産↑　↓ストーリー（土産話）↑　↓添えた写真↑

石の標本（ジンバブエ）

「ジンバブエは〈石の家〉ってイミがあってね、こんなふしぎな石も見に行ったよ。そこで買ってきた石の標本だよ」

「一見キレイな卵形だけど、よく見ると カタチがまちまちで、カワイイね」

おくる時の、おまけ

行った先での「写真」と帰ってからの「メッセージ」…ちょっとした、おくるキモチ。

←お土産←

買ったあとで、そのお店の外観を撮影する。

カシャ

カンタンな説明と、おくるキモチをカードに。

コレ、お店の人のイチオシだったよね
だね！それもかいとこ♡

←メッセージ←

↓添えた写真↓

ROCHE
ROCHE

お店の雰囲気って、結構気になると思うので。

真鍮のランプ（モロッコ）

→お土産←

→添えた写真←

この穴、なんと「糸ノコ」で１コ１コ地道にあけてるんだよ！すごいよね

→メッセージ←

銀風のアクセサリー（モロッコ）

このお店の奥の宝の箱から選んだペンダントだよ。おじさんの笑顔がキュートでしょ

アタバッグ（バリ島）

→お土産←

→添えた写真←

この工房でつくったものだよ。みんなとても丁寧に仕事してました

→メッセージ←

親しい間柄「限定」のやりとり

長年、何かしら
モノをおくり合う友人がいる。
それは、
小さなお祝いや
外国のお土産は もちろん、
まちで見つけた
相手の すきそうなもの、
衝動的に手づくりしたものや
ただなんとなく思いついた
ふざけたものまで……

友人たちは 近くに住んでいて、
直接会うこともあるけど、
それでも、あえて
詰めてくるんで、**おくる。**

会ったり、メールしたりするのとは
また違う、
モノをおくるという、
その一連の作業……

「いつもの箱で」合戦

ある日、友人Aに結婚祝いに雑貨をおくった時の「箱」が、
新婚旅行のお土産を詰めて戻ってきた。あらためてその箱を見てみると、
たしかに、ちょっとしたモノをおくるのに便利な、カタチとサイズ。
今度は またこちらから、海外土産などを、その箱に詰めておくり返す。
するとまたある日、その箱に入ったプレゼントが届く……
そんな、「いつもの箱に 入るだけ合戦」が、今もずっと続いている。

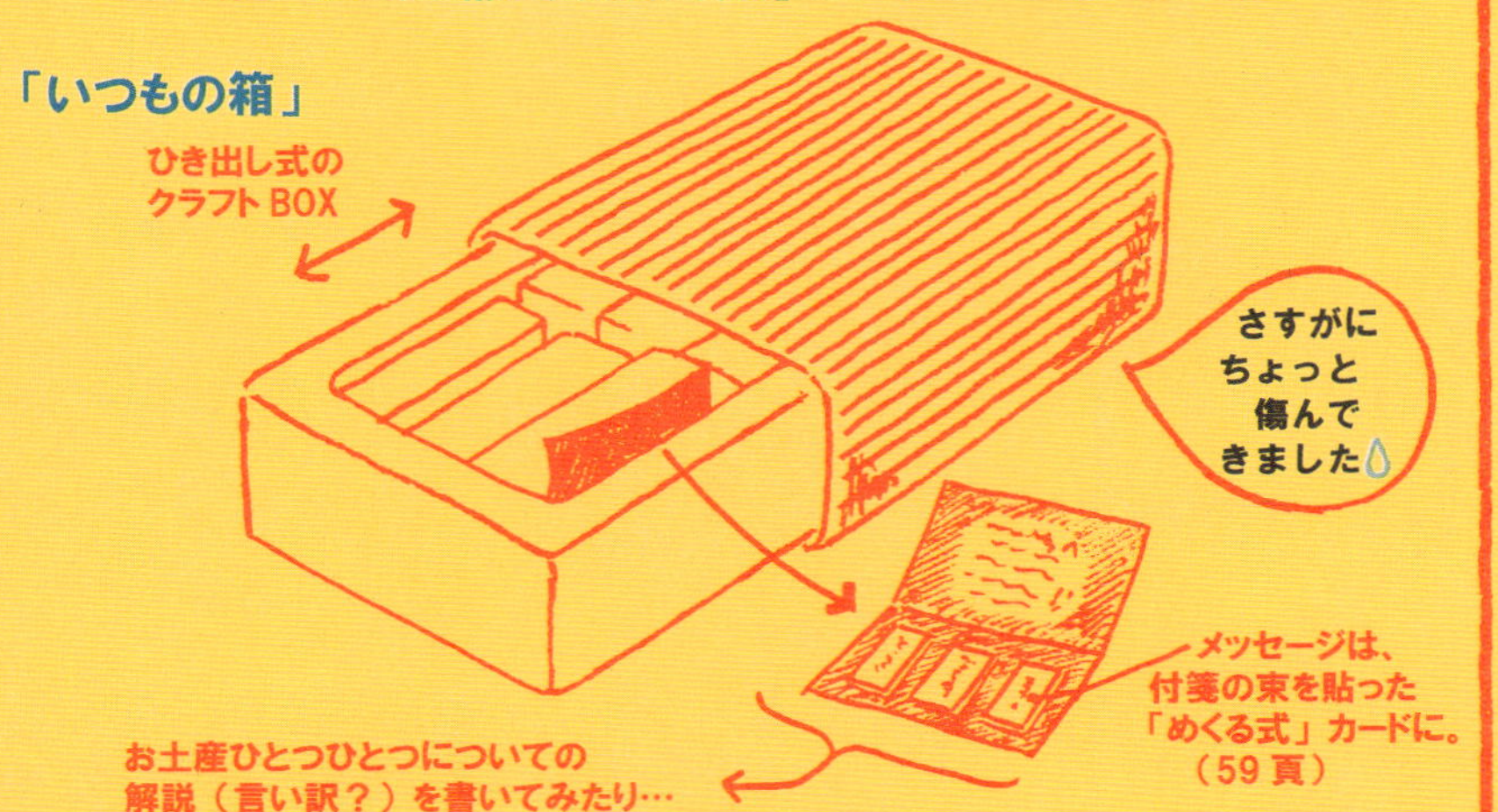
「いつもの箱」
ひき出し式の
クラフトBOX
さすがに
ちょっと
傷んで
きました
メッセージは、
付箋の束を貼った
「めくる式」カードに。
（59頁）
お土産ひとつひとつについての
解説（言い訳？）を書いてみたり…

中身は たいてい ふざけていて、
それは、お互いの性格や すきなものを
よく知ってる間柄ならではの やりとり。
だから、どんなに ふざけても、
時には 少々凝ったものでも……
互いに負担に感じることなく、
誤解を招く心配もなく、
「おまけのキモチ精神」を
おもいきり発揮できて、たのしい。
期待されてるかも…って思うと、
つい、お返しに燃えます。

すごーい
いや〜ん
ぎゅ

毎年恒例の、きゅーん。

お誕生日　福袋

毎年、友人Ｂからおくられてくる、誕生日のプレゼントは、
日々 出先で見つけた「パンダグッズ」を ちょこちょこ買い求めて、の１年分。
……を、「お宝の詰め合わせ」のように、パンパンに詰めたもの。
ひとつひとつは小さくて、そんなに高価なものではないし、
時には 100 円ショップや リサイクルショップ、何かの景品も。
でも、「これはかわいい」と思ったものだけ、という基準で選んでくれている。
そして、１年間ずっと気にかけてくれてたことも うれしいおくりもの。

「１年かけて
集めたもの」
HAPPY BIRTHDAY
「今年の収穫は
イマイチだった〜」
などという
メッセージも一緒に。
シール、付箋、メモ帳、ペン、
ピルケース、鏡、ランチョンマット、
パペット、靴下、マグネット、小銭入れ、
お弁当グッズ、お面……など。

ちょこっとやってみる？

カンタンだけど、「ん？」

「凝りすぎず」、
「お金もかけず」、
でも、ちょっとの
時間と工夫は
かけてある……
そんなラッピング。

それは、相手に、
気を遣わせたくない、
という思い。
でも、ちょっと
たのしんでほしい、
という思い。

なので、カンタンで、
ちょっとだけ「ん？」と
なるいろいろ？の、ご紹介。

かわいい布で、くるむ

紙じゃなく、布でくるむ。
布だと、緩衝材の役割も
担いつつ、紙よりも、
再利用の用途が多い。

ハギレやてぬぐい
ゴムは、既製のヘアアクセサリーなどでも。
できれば、布に結び目のつく包み方は避けて、ひもやゴムなどでとめる。

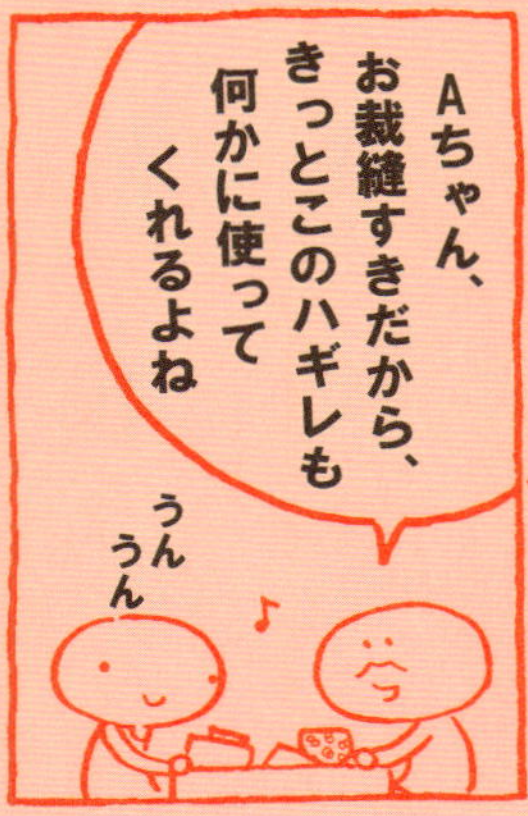
Aちゃん、お裁縫すきだから、きっとこのハギレも何かに使ってくれるよね
うんうん
♪

入浴剤カレンダー

模造紙に、大きく「カレンダー」をかき、
そこに、日にち分の「入浴剤」を貼る。
毎日いろんな入浴剤を使ってもらうしくみ。
脱衣所に張ってくれそうな友人に。

幅1mくらい
6 June Happy birthday
1 2 3 4 5 6 7 8 9 10 11 12 13 14 15 16 17 18 19 20 21 22 23 24 25 26 27 28 29 30
お誕生日に、印。そして、一番リッチな入浴剤を。
入浴剤は両面テープでとめる。（取りやすく、落ちない程度に）

サンドイッチ封筒＊ 応用編①②

基本は、「紙を２枚重ねて のりで封をする」…それだけ。

＊「サンドイッチ封筒」は49頁だよー

①サンドイッチ袋

パンツダの、パンツの中に おくりもの。大小２枚の紙を貼り合わせるだけ。

64頁のうしろのふろく（おまけ）で、つくれるよ！
本体＝大きくて厚めの紙
パンツ型の小さい紙
おくりものは ここに。
のり

②サンドイッチ カード

２枚の四角い紙を、「折って１箇所を貼り合わせるだけ」で、本のようにめくってたのしめて、おくりものも包めちゃう、べんりなカタチ。

同サイズの紙を２枚重ね、真ん中で折る。

貼り合わせる。
のり
おくりもの

最後のページにおくりものを入れてのりで封をする。

○○ちゃん!!
FOR YOU

メッセージをかく。

Hi!

表紙にイラストを。

ちーっちゃいレターセット

切ったり 貼ったり 一切不要！

ちび便箋

ボトルガムに付いてくる紙の束…

そこに、小さいスタンプを押したら、小さい便箋の完成。

○○ちゃんへ

便箋なので、お手紙をかこう。

そして、便箋らしく４つ折りに。

←ガム

ちび便箋は、束のかんじがまたカワイイので、コレをこのままおくるのもいーかも。

ちび封筒

これまた付箋タイプのガムの捨て紙を…
（または 4×5cm くらいの付箋を…）

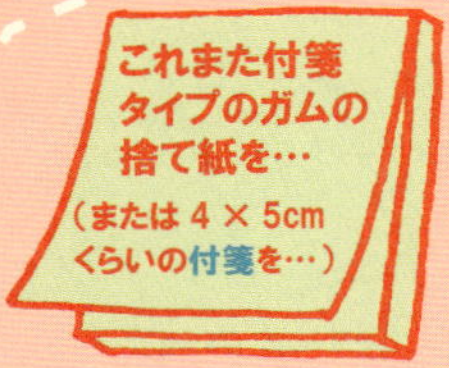

３つ折りにしてお手紙を入れて…

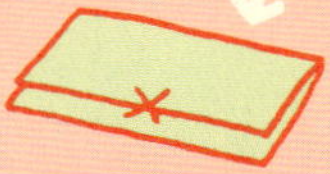

付箋の粘着を利用して貼り合わせるだけ。

さらに 封筒っぽく、〆マークを書いたり、ちーっちゃいシールを貼って、完成。

ちょこっとやってみる？

紙とペンを工夫してみる

メッセージをおくる。
それは、
おくりものに添える
カードだったり、
お手紙だけ おくる場合も……

どちらにしても
キモチの こもった
手書きのコトバだけで
充分だけど、
ちょっと
紙や **ペン** を工夫するだけで、
とっても手をかけた
かんじになるので、
いろいろ試してみると
おもしろい。

4コマでメッセージ

4コマは、
見ためだけで
かわいいから、
フツーに
お手紙を
かくよりも、
起承転結が
いらないかも。

おひさしぶりですぅ—
先日スカイツリーから
1ろ歩歩いたところにある神社で
お守り買いました。

ヘタでも、
枠に収まっていれば、
「まとまってる」
印象に。

もう春も終わり夏となり
あっというまに
今年も半分終ーアー。
猛暑をのりこえたらすぐ
今年の終わりをかんじて……
あっというまに……年末だよ。
忘年会で会いましょう。

4コマだけど。

①オチなんて なくて OK

②絵だって なくて大丈夫

③あくまで「一筆箋」として使うと たのしー

おくりものの説明に。
ほとんどフキダシと文字。
全コマ同柄。
カンタンイラストと散文調。
ヨコ使いにして、タテ書き文だけ。（イラストナシで OK）

＊ 64 頁のうしろのふろく（おまけ）に、コピーして使える「4コマ」があるよ。

味のあるクラフト紙を使って

クラフト紙 ＋ 相性の良いペン

この組み合わせで かくと、あらふしぎ。
ヘタでもなぜか、それなりに仕上がってしまいます。

白	筆ペン	鉛筆
◆白の色鉛筆 ◆白の GEL マーカー ◆修正テープ	◆黒々した墨 ◆ベットリ塗れる朱墨	とくに 6B ～ 10B など 太くて かき味が やわらかいもの。
クラフト紙に「白」は映える。 修正テープで文字を書くと、カクカクして 思うように ならないかんじがイイ。	黒は、意外にも、白い紙より クラフト紙に バシッと決まる。 筆ペンは 抑揚の付け具合で 味が出て、悪筆もごまかせる。	素朴な鉛筆タッチもかわいい。 脳を「こどもモード」にして、大胆なタッチ、または気の抜けたタッチで描くといいかんじ。

GEL マーカー

修正テープ

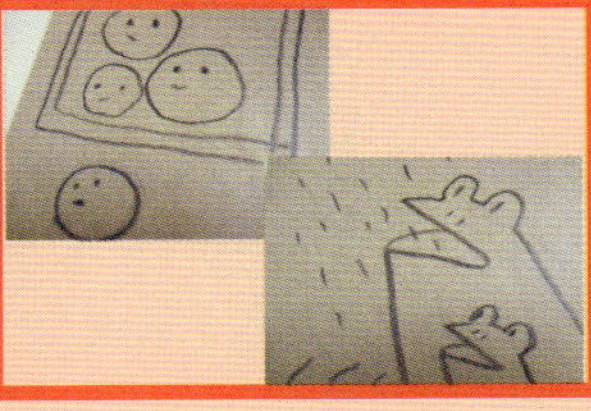

クラフト紙 ＋ 同じクラフト紙の、メモパッドや付箋

メモパッドや付箋を「束」のまま貼り付けて、そこに、めくって読む「頁モノ」のメッセージを。

ブロックメモの束（10 枚ほど）を、両面テープで貼り付けて。	付箋の束をその粘着面で貼って、小さなお手紙が、いっぱい。	クラフト紙の封筒を貼って、中に ちまちましたものを入れる。
文字をかくスペースを小さくすると、何ページでもかけちゃう。	表紙に、「お題」や「読む順番」などを。 たのしげに。	修正テープでかいた枠。 ←画材としてお気に入り いい香りのものを入れるとステキ。

クラフト紙 ＋ ストーリー

クラフト紙のスクラップブックを、そのまま使ってかいた、絵本的なお手紙。

お話になっていてもいいし、
1 頁ごとの完結型でも。
とにかく、めくって読んでもらうカタチ。
読み終わったら、棚に差して とっておける。

年賀状 おまけのキモチは 手がきから

手がきのメッセージをかくスペース。

消しゴム版画ブームは3年で終了？

手がきイラストをパソコン上で編集。できあがりイメージは「プリントゴッコ」。

次はどんなのにしようかな。

年賀状と言えば、小学生の頃から毎年、100枚くらい、ぜんっぶ 手がきで かいてたんだよ。そのパワーって、いったいなんだったんだろ…

あたしも そうだった−
絵柄も、1枚1枚 全部違うのね、そんで、ていねいに色を塗って……

「おまけのキモチ」が あふれてたのか、それともウケたい一心だったのか……

どっちも…だね。

オトナになってからの年賀状も、さすがに イチから手がき…ではないけど、**オリジナルのデザイン**で、というのは、自然に、ずっと続けてるね。

そうだね。あと、手がきのメッセージを添えることも。

うん。そして、宛名も必ず手がき。

機械的に出力したんじゃなくて、ちゃんと1枚1枚 その人宛に 出している、ってことを伝えたいいよね。せっかく「おくる」んだもん。

k.m.p. 歴代年賀状

なるべくお金はかけず、でもデザインは毎年たのしいものに。
あえて、「素朴な手づくり感」を出してる風で。

紙材工場（24頁）で買った紙に、モノクロコピー。

印刷屋さんで、1色印刷を依頼。

プリントゴッコで2色印刷。

モノクロコピーに、マーカーで一部彩色。

これも同じモノクロコピーだけど、原画を
筆ペンで かき、情報も減らしてシンプルに。
赤い部分は、あとから朱筆で彩色。

消しゴム版画を、
ガサガサな紙に押す。
ヘタも味ってことで。

大判の消しゴム版画。

手がきのパワーって、すごいと思う。
「その人」を感じられる。そして、その「想い」までも。
おだやかな字、落ち着きのない字、
上手な字、ヘタだけど ていねいな字…

…熱いキモチが伝わってくる字、
そのペンを選んだ その人の感性、
何回も下書きしたんだろうなってことも……

うん。それに、印刷したものが大半の今、
あえて手がきにしたってこと、それ自体が、
その人のキモチを あらわしちゃったりするかも。

でも、当の文面のほうは、短くて、
ありがちなコトバが多くなっちゃうんだけどね……

そう、「今年こそ会おうね」とかね…
だから、むなしく思った時もあったんだよね。
でも、ほとんど手紙を出さなくなったこの時代に、
年に一度のお手紙のやりとりっておもしろいかも、
って、今は思ってる。

1年前のコメントの返事が 今年来たりして、
このご時世に、おっそろしくスローなやりとりが
生まれる年賀状。今だからこそ、おもしろいかもね。

↓色付きの紙にモノクロコピー。
この年から
「こまかいこと」を
かかなくなります。

このへんもずっと、以前に買った紙に、モノクロコピー。
部分的に彩色。

カレンダー
おまけのキモチはトイレから

うちの実家のトイレに
カレンダー貼ってあるじゃない?

あるねー

あれって いつのまにか、
情報とコミュニケーションの
やりとりの場に なってるよね…

そうだね…
ペンが置いてあるからさー、
みんな、自分の予定を かきこんだり
メッセージを かきこんだり……
あたしも参加してるし。

そう、それに返事したり、
家族の予定を知ることができたり、

一見、ほほえましいやりとりですが、
実際かいてる姿は こうなります.

イミのない落書きがしてあったり。

伝言板！って掲げられると かきにくいけど、
カレンダーなら、
適度に、そしてさりげなく
予定を伝え合って、
ついでにちょっと、誰かを笑かして……
いつのまにか、
なかなか便利な場所になってる……

そう。だから、ここにも
「おまけのキモチ」があるかもって思った。

うちでも はじめたよ、
やりとりカレンダー。
やっぱ カレンダーは トイレだよね。

*でも反対に、仕事場のトイレに貼ってある
デマシタカレンダーは、
人に見られたくないね……

う、うん。しばらくハンコ押してないと
お客さんに心配されちゃったりして、ハズカシイ。
あ、1日に3コ押してあるのを見て想像されると もっとハズカシイ。

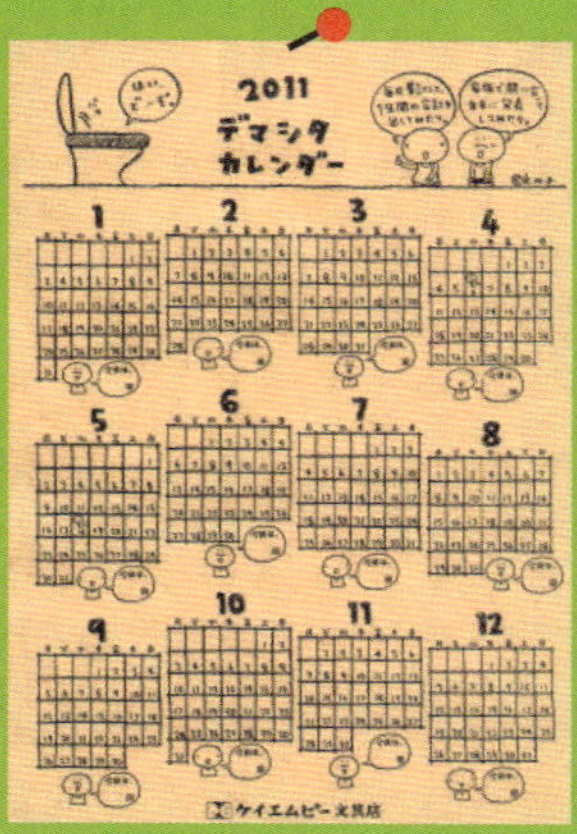

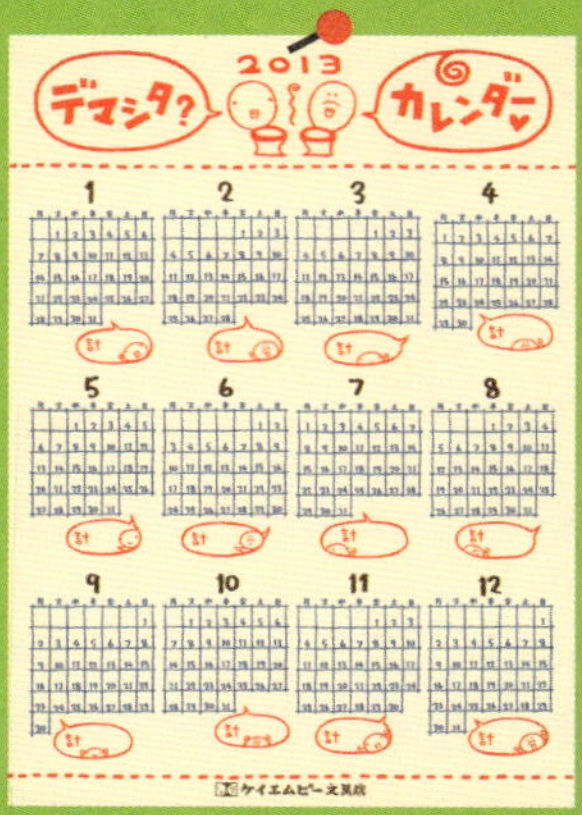

*k. m. p. オリジナルの
「デマシタカレンダー」は、
デタ日にハンコを押し、
月ごとに集計するという、
健康管理（?）の、カレンダー。
毎年、暮れに制作しています。
最近は 通販ご利用の方に、
おまけとして差し上げてます。
これも私たちの「おまけのキモチ」。

うしろの相棒 3

トイレという個室では、ひときわ、何か仕掛けたいキモチがムクムクわいてくる。置き物の位置を変えたり、不自然なものを置くなど、様子を変えておく。そしてそれに気づいた相棒のリアクションを妄想する……。という、地味なおたのしみ。

静かなる戦い、トイレットペーパー編

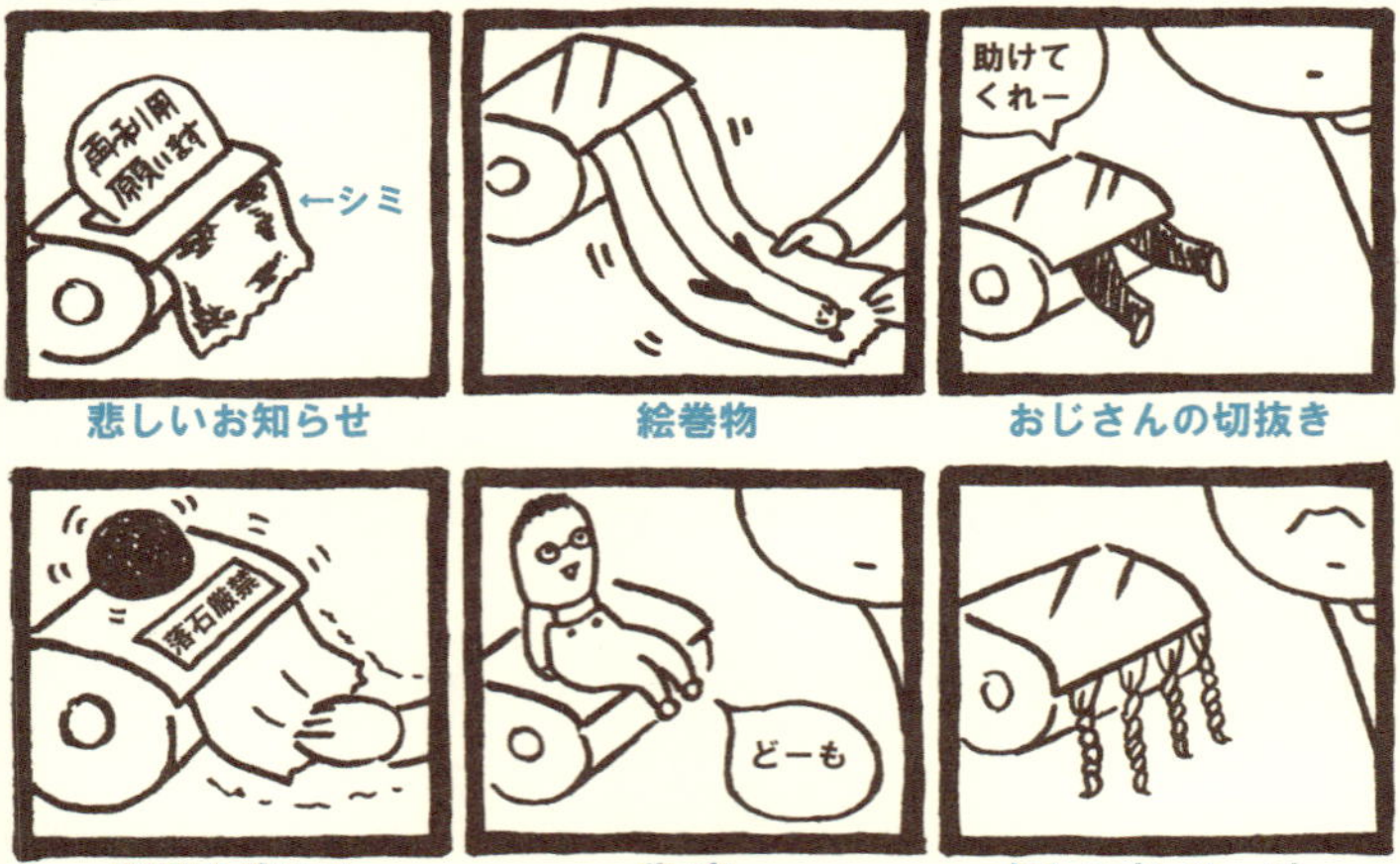

悲しいお知らせ　絵巻物　おじさんの切抜き

緊張を強いる　先 客　ドレッド ペーパー

一歩、個室の外に出れば、この件については一切触れることのない、この トイレでの静かなる戦い………今も続いています。

←おまけのキモチ。の、おまけっ！

「おたよりセット」「ひとことカード」「サンドイッチ ポチ袋」を、実際につくってみよ〜

関連頁は、48,49,57,58 頁です。

k.m.p.の、おまけのキモチ。の、おまけっ！

サンドイッチ ポチ袋

大小の紙を貼り合わせるだけの、
ポチ袋だよ。（本文57頁の）

お札に のりがつかないように、
注意してね。

キリヌキ　赤いパンツです。

パンツダです。

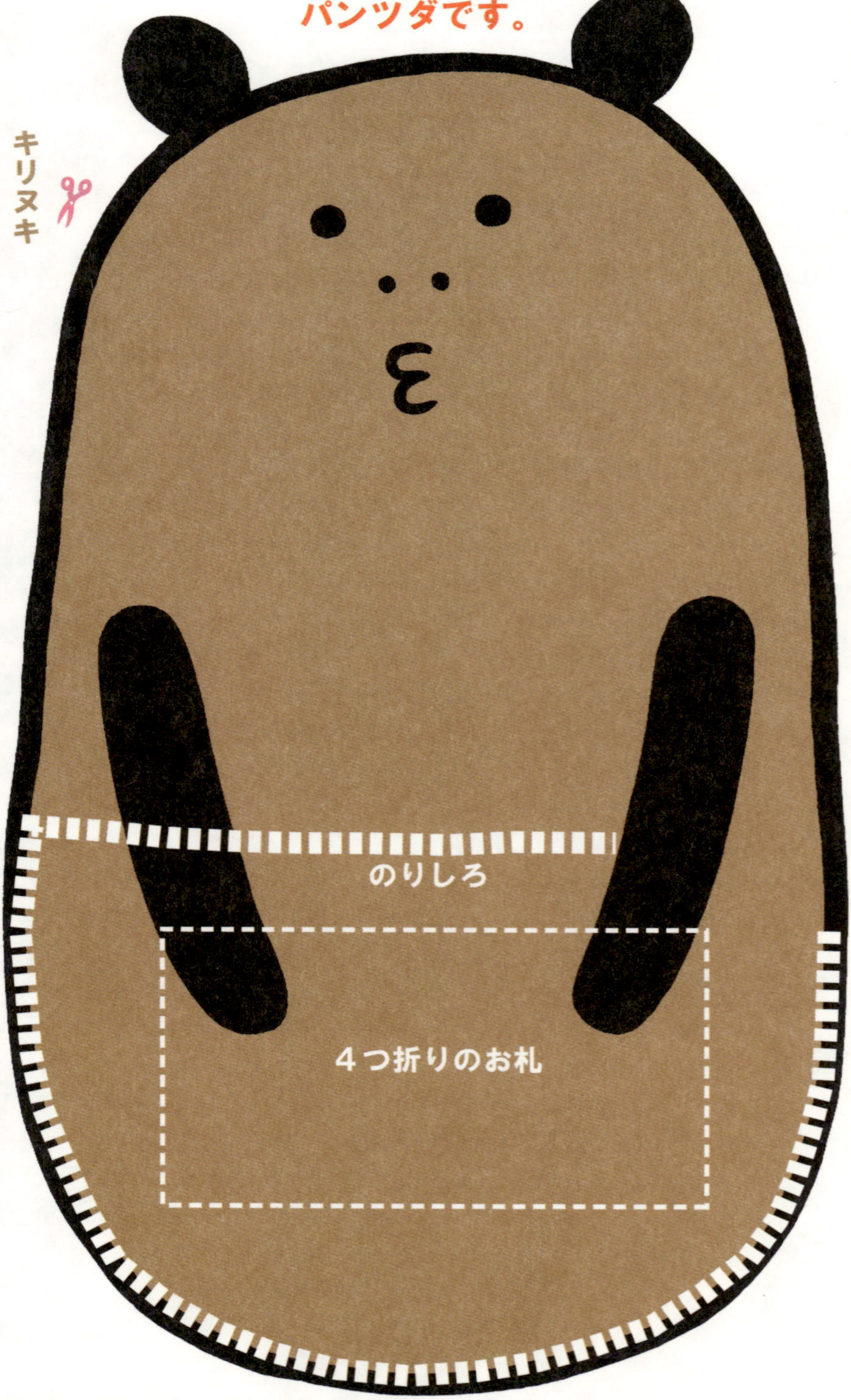

k. m. p. の、 おまけのキモチ。

の、おまけっ！

ひとことカード

切り取って使ってね。
おくりものに添える
カードとして、どーぞ。

©k.m.p.

©k.m.p.

©k.m.p.

©k.m.p.

©k.m.p.

ま
©k.m.p.

k.m.p.の、 **おまけのキモチ。** の、おまけっ！

おたよりセット と、4コマ

「封筒」と「カード」のセットだよ。
切り取って使ってね。「ポチ袋」に、便利かも♡

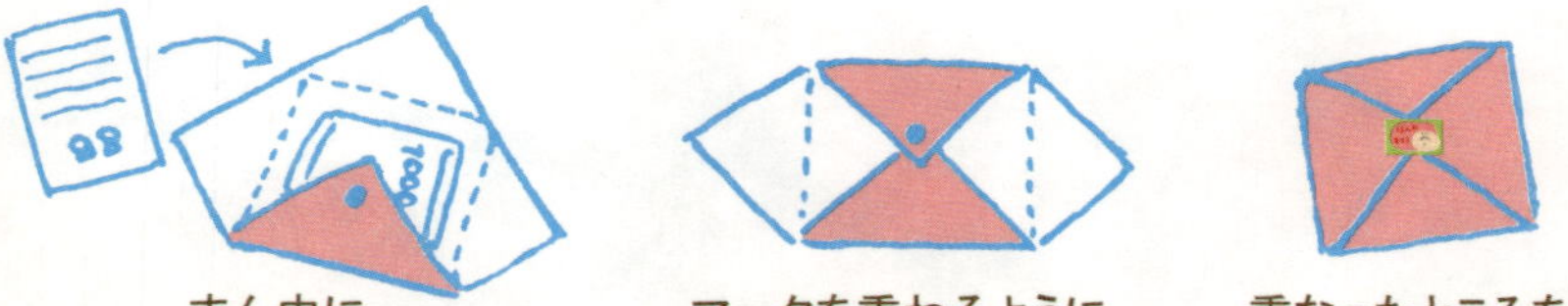

まん中に
お金や手紙を入れて、

マークを重ねるように
4辺を折り、
（色の境界線を目安に）

重なったところを
シールなどでとめる

58頁で紹介している「4コマ」メッセージに
どーぞ。コピーして使ってね。
タテヨコ、どっちでもOK。

©k.m.p.

©k.m.p.

©k.m.p.

©k.m.p.

©k.m.p.

第4章

おまけのキモチをこめた 自分印を つくろう

「自分印」で、「自分ブランド」

モノをおくる時、
おまけのキモチを添える時……
きれいなリボンをかけたり
凝ったカードやシールもいいけど、
「自分らしく」っていうのが、
カンタンで、たのしい。
なんでもない白い紙なんかに、
自分定番のハンコやシールで
「自分印」を付けて……
「自分ブランド」にすれば、
過剰包装をしなくても
充分 個性的になるし、
どんなラッピングにしようかって、
その都度 悩まなくてもいい。
ラクしてるのに、印象的。
そしてなにより、たのしい。
いつでもつくれるように、
「自分印キット」はまとめて置いておく……
……それも、たのしい。

赤い袋に赤いハンコ…はムリだな…
白いシールに赤でハンコ押してから貼ればいいんじゃない？
あ、でも黒でもいいか？

自分たちの顔マーク や ロゴで「自分ブランド」をイメージしていく。

チープだけど、その時にできる限りの試行錯誤で。

「自分印 キット」の、集合場所

材料
日頃、キレイで使えそうな紙、袋、リボン……などがあったら、ここにストックしておく。

用途別につくっておいた自分印シール。

道具
ペン、クラフトテープ、マスキングテープ、ハンコ、スタンプ台、クラフトパンチ、ギザギザハサミ……

「自分印」って、どういうの？
・自分のマークを考える。
……が ムズカシイなら、
・模様でもいいし、
・自分のカラーを決めてみるだけでも。
・使うペンを決めるだけでもいい。
・既製のハンコやシールでも、
ずっと同じものを使い続けることで、
充分 自分印になる。

……と、作業がたのしくて
忘れそうになっちゃうけど、
一番大事なのは、相手のキモチ。
自分印は、
自分を主張するためのものじゃなく、
あくまで、
相手に思いを伝えるために添えるもの。
……あくまで、おまけ。
そんなキモチで包んだら
きっと想いも伝わるはず。

自分印、いろいろ

なるべく単純なものがいい。カンタンに描けるし、ハンコやシールにしやすいから。
ウマイ・ヘタは関係なく、くり返し使っていくことで、自分ブランドになっていく。

自分のマークを考える

①自分の顔や、自分に似てる動物をモチーフにしたり、すきなもの・すきなカタチ・すきな文字などをイメージしてつくってみる。

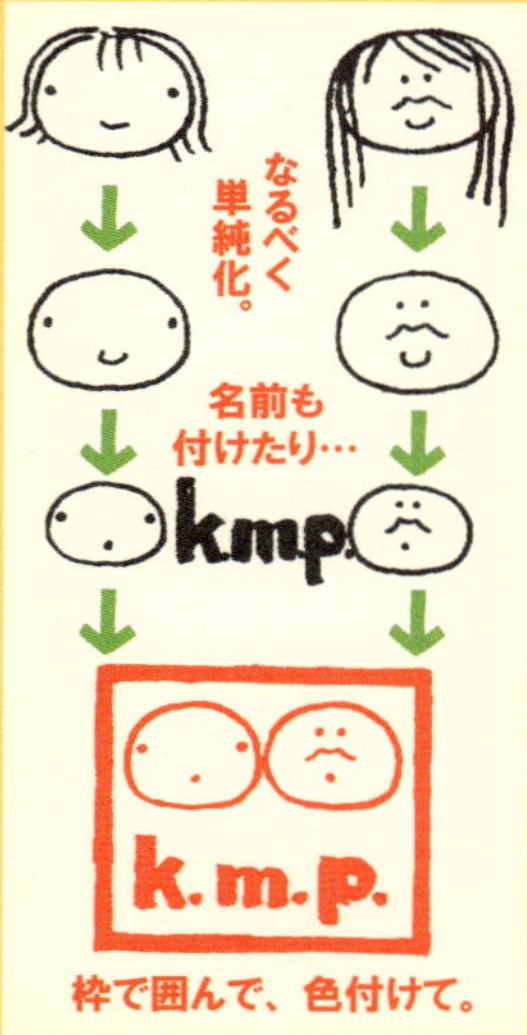
なるべく単純化。
名前も付けたり…
kmp.
k.m.p.
枠で囲んで、色付けて。

②絵に自信がない方は、たとえば……
●ストライプ・ドット柄・花柄…などの模様を背景にしたり、
●色鉛筆・筆・マーカーペン…など、使うペンの個性を利用したり、
●個性的な色の組み合わせで、自分のブランドカラーをつくるとか。

お店のロゴみたいに。

Aco

Sanae
絵も、1度カタチを決めちゃえば、案外描ける。

色鉛筆は味が出る。

Jujo

2色がオススメ。

Ryo

ちょこっと やってみる？

自分印のハンコ

自分印が できあがったら、
その図柄を、ハンコにしてみる。
ハンコは便利。
紙に ポンポン押すだけで、
オリジナルの「なにか」になる。
便箋、封筒、カード、シール、
包装紙、箱、紙袋……

手のひらサイズの、
究極カンタン印刷機。
自分印のハンコを
ひとつ つくれば、そこから
いろんな自分印グッズが生まれ、
そして自分ブランドも できあがる。
自分印キットの中で、
一番万能なアイテム、
ハンコをつくってみましょうか。

まず、ハンコの種類

自分でつくる消しゴムハンコから、業者にオーダーするハンコまで、たくさんの種類がある。それぞれ「味」と「メリット・デメリット」があるので、いろいろ使い分け。

デジタル

業者に図柄を渡して
つくってもらう。
○かなり小さい文字まで OK。
○インク内蔵型で使いやすい。
△ちょっとお高め。

消しゴム

技術は必要だけど、
もっとも手軽にできて、
オリジナル度も No.1。
奥は、読者の方が、
つくって送ってくれたもの。

ひらがなハンコは、
文字を並べる
だけでも自分印。

ゴム

市販のものか、
業者に依頼して
つくってもらう。
（意外とお高め）

木彫り

ベトナムで彫ってもらった。
技術の高さに、
見てるだけでうっとり。
ただ、版に弾力がなく、
インクをはじくので、
ねっちょりした朱肉が必要。

両面テープで、
木の土台に貼って。

樹脂

印刷会社に勤めてた時、
シール印刷用の
樹脂版を見て、
ハンコにできる！と
ひらめいてつくったもの。

ウレタン

ハンコキットで。台は硬め、
版の部分は柔らかめの
ウレタン…と層になってる。
消しゴムより彫りやすかった。

自分印ハンコでつくったもの

なにつくる？　あちこち、いろんなものに押してみよー。

ラッピンググッズ

この本の中の
あちこちに出てくる、
オリジナルのラッピング用品は、
だいたい「ハンコ」で
つくってます。
（袋、シール、包装紙…など）
無地の紙や袋に
ハンコを押すだけで、
カンタン自分ブランド。

木のハンコを使って包装紙をつくる。
かすれるくらいが、味。

ハンコを組み合わせて、
色も組み合わせて。

レターセット

自分印ハンコで
つくったものは、
「おくる時」に、
使う用として。

イラストのハンコで
つくったものは、
オリジナル
商品として。

年賀状

消しゴムや芋版でつくる
年賀状は、日本の伝統？
これもまさしく、自分印。

名刺

極貧時代の名刺は、
樹脂版ハンコで、
手づくり。

ちょこっとやってみる？

ちょいと番外編
ひとコマハンコ

ただ四角い枠の、ハンコ。
コレを使って、いろいろあそんでみる。
連続で押してコママンガにしたり、
さし絵の「枠」にしたり。

枠で囲うと、
そこは特別なスペースになり、
なんてことない絵も、
イミのあるものに見えたり、
ちょっとうまく見えたりして……
ありがたい。

中に入れるのは、
絵じゃなくてハンコでもいい。
自分印のハンコなら、
さらにオリジナル感が増して
たのしいよ。

ひとコマ ハンコで あそぼ

コママンガの「枠」のハンコ。「ひとコマ」で「ハンコ」というのが、自由度が広がる。

- どこにでも コママンガ が出現。（手帖、ノート、お手紙、封筒…など）
- どんなレイアウトも自由。（ヨコに4コマ、1コマ完結、わざと斜めにしたり…）
- すきな色を使える。（スタンプ台をいろいろ変えて）

……でも、和紙やクラフト紙に、赤や黒のインクで押すだけでも、充分かわいい。

封筒や便箋に押して、
追伸などをかいたり。

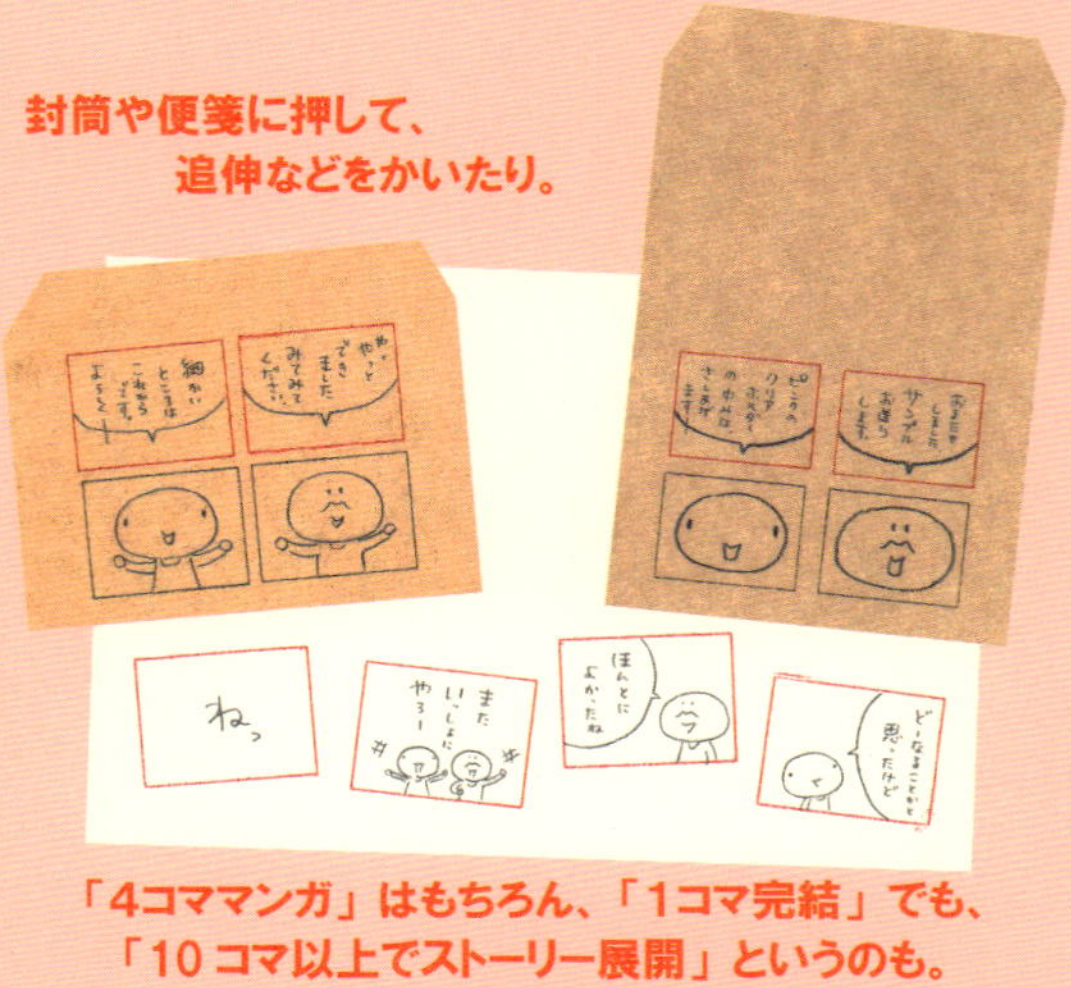

「4コママンガ」はもちろん、「1コマ完結」でも、
「10 コマ以上でストーリー展開」というのも。

MUJI の、
コマ割りスタンプ。

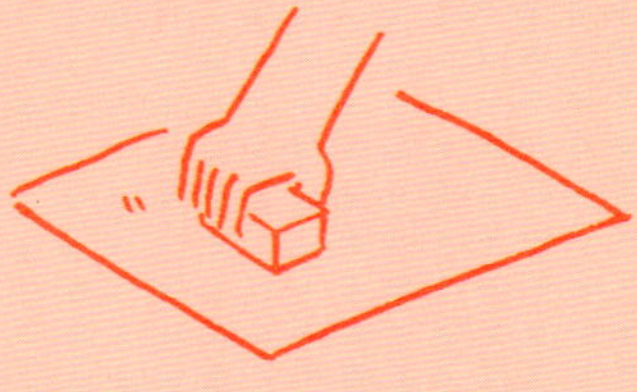

小袋にコマ

おくりものを入れる「袋」や「封筒」に、メッセージとデザインを兼ねて、こんなふうに。

← オチの「コマ」だけ、コケてます。

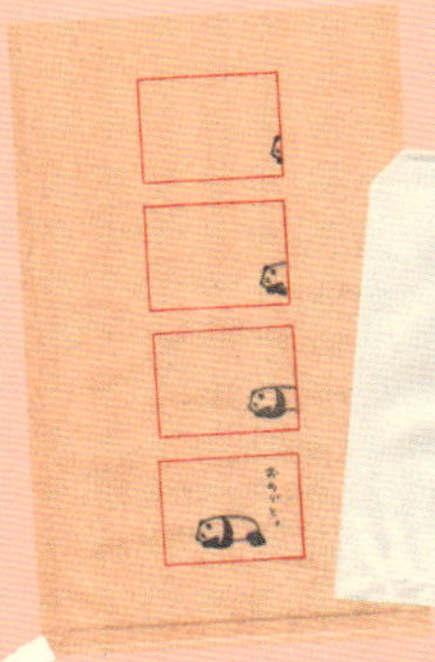

絵を描かなくても、中のイラストも、ハンコで。

「ゆっくりと登場するパンダ」

〈つくりかた〉

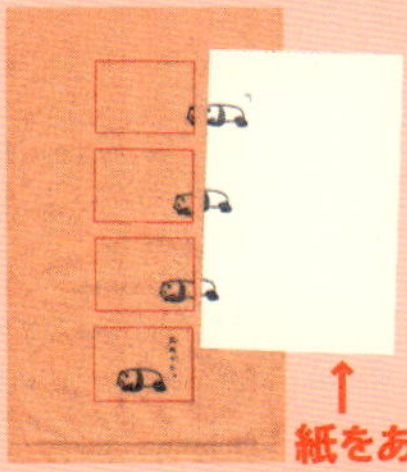

↑ 紙をあてて、その上からハンコを押す。

便箋にコマ

既製の便箋に押す…のもいいけど、無地の紙に押して、その枠の中だけにお手紙をかくとか。

文が少なくて済む〜

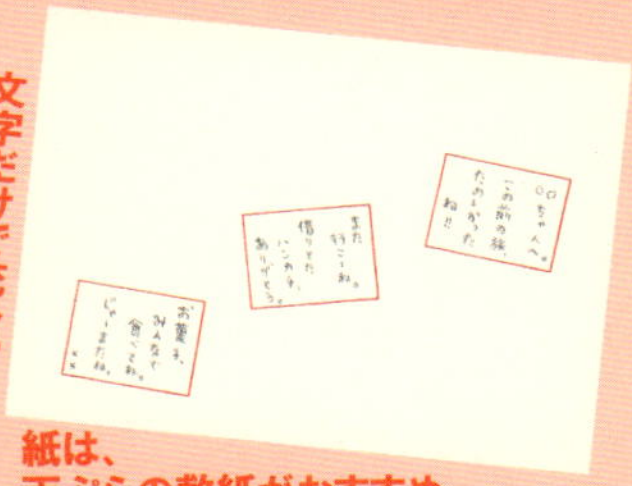

文字だけで充分。

紙は、天ぷらの敷紙がおすすめ。

添付画像を入れる

「さし絵」「注釈」を添えるのに使う。かわいい&わかりやすい。

……以上、時代に逆行した、手づくり教室でした。

ただの四角とはいえ、自分で描くとなると案外うまく描けないし、「枠が 手がきじゃない」っていうのが、なんか味が出るんだよね〜
たーのしー♪
タテに押すとか？重ねて押すとか？枠が切れちゃうデザインは？あ、布にも押せるかな…

ちょこっとやってみる？

カンタン印刷で紙モノをつくる

「自分印」で
紙モノを つくってみる。
カード、便箋、一筆箋…など、
メッセージをかくものが
オリジナルだったら、
ちょっとたのしい。

カンタン印刷で つくってみる。
コンビニのコピー機や
おうちのプリンター
……から、
お絵かきソフトや、
業者にオーダーするもの
……まで。

できそうなもの、
やってみたいもの、ある？

単色カラー

コンビニ コピー機で印刷

一筆箋・メモ帳…

黒のペンで描いた原稿を、コンビニの
カラーコピー機の、単色カラーという機能を
使ってコピー。 赤・青・緑…などがあり、
かわいい雰囲気のものが、手軽につくれる。
ただ、A4 サイズで 50 円程するので、
2～8分割くらいにできるようデザインして↓
小さな一筆箋や
カードなどを
つくるのが
おすすめ。

黒で描いた原稿

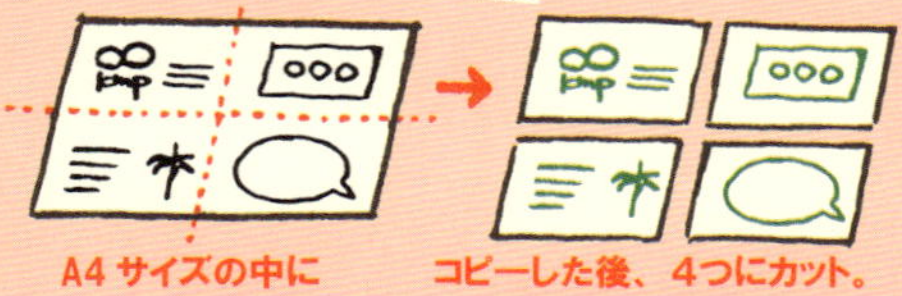

A4 サイズの中に
4面…の原稿。

コピーした後、4つにカット。
4種類の一筆箋ができる。

黒1色

モノクロコピー機で印刷

便箋・カード・カレンダー！…

白い紙に鉛筆や黒のペンで描いたものを、
モノクロ コピーするだけ。
できれば、昔ながらの
トナー式コピー機だと、
黒がくっきりとして、キレイ。
さらに、
印刷する紙を、
コピー用紙ではなく、
色上質紙やクラフト紙
にすれば、〈コピー機〉で
つくったとは思えない
仕上がりに。

黒で描いた原稿

（↑ただし コンビニ コピーは トナー式はほぼ絶滅、
紙の差し替えも できないと思いますのでご注意）

応用～

フツーにカラーコピー

カラーコピー機で印刷

マーカーで描いた絵で…

マーカーや色鉛筆で カラフルに描いて、
そのままカラーコピーするだけ。

応用～

素材を使って

色上質紙の上に、いろんな素材を貼ったり置いたり…

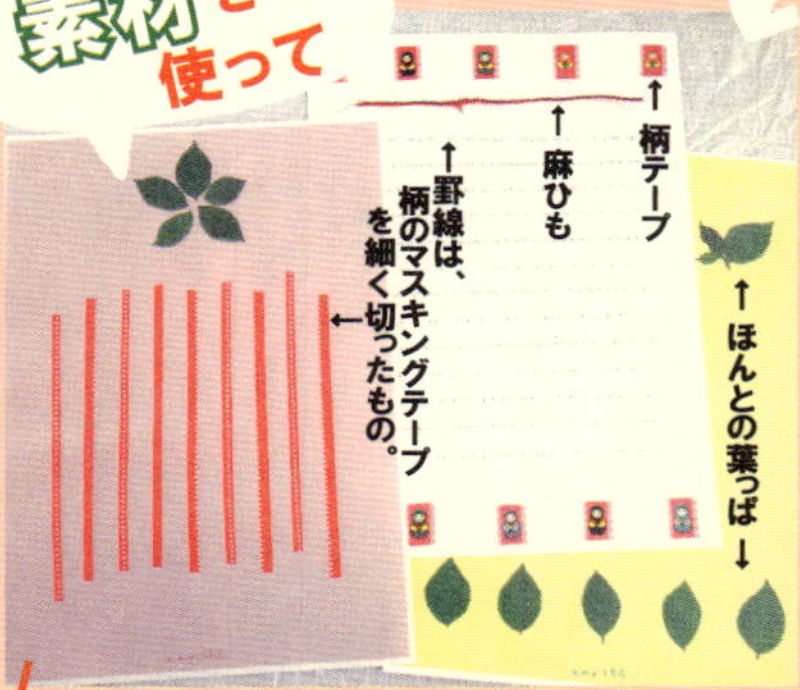

↑柄テープ
↑麻ひも
↑罫線は、柄のマスキングテープを細く切ったもの。
↑ほんとの葉っぱ↓

絵が苦手でも、オリジナルは つくれる。
紙に、身近な素材を貼り付けて、
それを、カラーコピーする。

素材は、マスキングテープ・シール・
布・麻ひも・葉っぱ…など、工夫次第。

紙を変えて

おうちプリンターのコピー機能を使えば、紙をすきなものに変えられるので たのしい。

ピンクや黄色の色上質紙

↑和紙には、「天ぷら敷紙」が
厚さと安さでオススメ。

お絵かきソフトで

おうちプリンターで印刷

便箋・ミニ包装紙…
↑これも天ぷらの敷紙

パソコンのお絵かきソフトが使えるなら、
スキャンした画像を画面上で自由にレイアウトして、
こんなものも。使う紙も、いろいろにできる。

応用～

プロにおまかせ

名刺
旅のリスト
おくるときカード
やるコトリスト
レポート用紙

データがつくれるのなら、
印刷は、業者に発注するのも。
いっぱいつくりたい、紙質にこだわりたい、
きれいに印刷したい、両面印刷したい、
天のり付き（冊子になってる）…など、
いろいろ、可能性が広がるし、
プロの仕上がりでハイレベルな自分印に。

自分印のシール

シール。
なぜだか2人とも、こどもの頃から
シールに とてつもないミリョクを感じ、
今もなお、お店の売り場などで目にすると、
鼻息が荒くなる。
全種類チェックしないと気がすまない。
素材の質感や、印刷技術にまで見入ってしまう。
そして なぜか激しい焦燥感、
その後、果てしなく みなぎる創作意欲……
……で、1時間は居座るオトナです……オトナです……

「ワクワクする」のひとことでは足りない気がして
ちょっとコーフン気味な冒頭ですが、
でもほんとに、シールってミリョク的。
どこにでも貼りつく、かわいくてちっちゃい紙……
……って、それが「自分印」だったら、スゴくない!?
と、オトナになってもシールへの思いは変わらず、
(むしろ2人が出会ってパワーアップ?)
極貧の時代から、食費を削ってでも印刷代を
捻出して、自分印のシールをつくってきました……

こどもの頃、バナナのシールを顔に貼って育ったオトナです。

そして、シールというシールを冷蔵庫や柱に貼って怒られたオトナです。

印刷屋さんで つくった 自分印シール群

たくさん印刷しないと1枚当たりが高くなるから……と、いっぱい刷って、結局、1回数万円…

色の数、紙の素材、機械に通す際の都合…などを工夫して、なんとか安く上がるようにつくったもの。

できあがったものを、さらに自分で切って、なるべく いろんな種類に分けたり。

……こんな→ちゃんとした印刷の
シールをつくるのもたのしいけど、
ハンコと無地のシール*さえあれば、
自分印のオリジナルシールがつくれる
ってことに気づいてからは、
いろいろ手づくりしてます。
ハンコ押したものに色を塗ってもいいし、
カンタンな絵や模様を描くのもいいし、
文字だけでもいいし、
四角いシールを丸く切ってみたり、
ノった時に まとめてつくっておくと、
使う時に選べて
たのしいかも。

*無地のシールについては、次の頁で！

ハンコと無地のシールでつくった自分印シール群

「安っぽい」…を、なんとか
「手づくり感」「素朴なかんじ」に
思い直して つくり続けよう。

k.m.p. の自分印！

たくさんつくって、「おくる」ときに便利な、自分印シール

封緘用
k.m.p.
http://rose.ruru.ne.jp/kmp/
k.m.p.
http://rose.ruru.ne.jp/kmp/
「おまたせしました」
k.m.p.
郵便表示
ゆうメール
ワレモノ
自分印
k.m.p.
k.m.p.
ケイエムピー
住 所
k.m.p.
k.m.p.
〒192-0916 東京都八王子市
みなみ野

ちょこっとやってみる？

手づくりシール、いろいろ

シールにすれば、
どこにでも、自分印を付けられる。

箱のフタをとめたり、
重ねた紙をとめたり、
平らじゃないところにも、
ザラザラなところにも、
ガラスのツルツルにも……

本のテーマからそれるけど、
おくる時以外にも、
お片付けラベルとして
ひきだしや容器の顔にもなりますし、
手帖に貼るのもたのしいですし……

ちょっとの工夫でカンタンに
つくれる自分印シール、やってみよー

イラストや柄を直接描く。

自分印のハンコを押す。

↑何度も登場してすみません…

無地のシール・ラベル・粘着紙を使って

既製のハンコでも押し方次第でオリジナルに。

パソコンでデザインしたものを粘着紙にプリント。

素材は？

「白無地ラベル」

以前、読者の方から大量に頂きました。

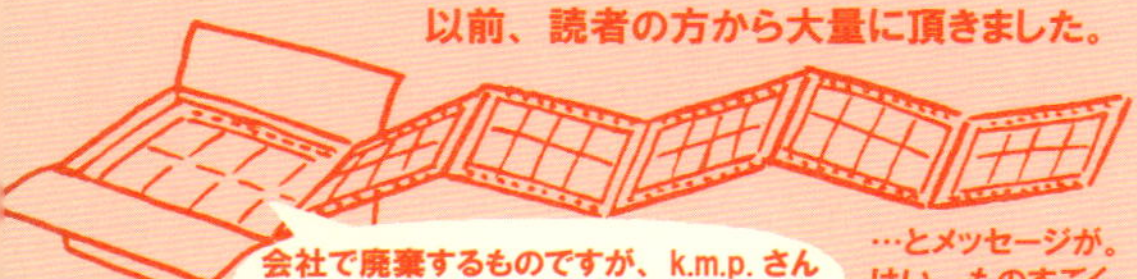

会社で廃棄するものですが、k.m.p. さんなら有効に使ってもらえると思って…

…とメッセージが。はい、ものすごく重宝しています！

素材は？

「A4 サイズの粘着紙」

プリンター専用の粘着紙。
（ノーカットタイプ）
それを、カタチにそって
切り抜けば、シールに。

粘着フェルトでこんなシール

裏がシールになってるフェルトを使って。

かわいい素材 ＝ フェルトで、半立体シールになるよ！

紙に描くのと同じ要領で絵を描いて、切り抜くだけ。

紙の上から透明テープ

シールにできないものは、上から透明シールを貼れば OK。

ひと回り大きい透明のテープで、上から押さえるように貼る。

水に強いし、シールより、はがしやすい ので、容器などに貼るのにおすすめ。

お気に入りの写真をシールに

「写真」を使えば、カンタンに自分オリジナルがつくれる。

コンビニのコピー機で12分割プリントし、その裏に両面テープを付ければ、たぶん一番 安上がり。（30円ほど）

これはシールになってるタイプ。（ただし全部同じ写真）自分の絵やマークを撮れば、そのまま「自分印シール」に。（200円ほど）

↑フィルム会社製のセルフ受注端末機で注文できます。
（ドラッグストアなどにもあります ）

＊「写真シール」は、他にも、パソコン不要のプリンターや、ソフトやアプリの利用、ネットで注文…などいろいろ。それぞれの「カンタン＆安い」方法を探してみよー。

無地のマスキングテープに一工夫

そのままでもかわいいテープだけど、ちょっとひと手間でオリジナルシールに。

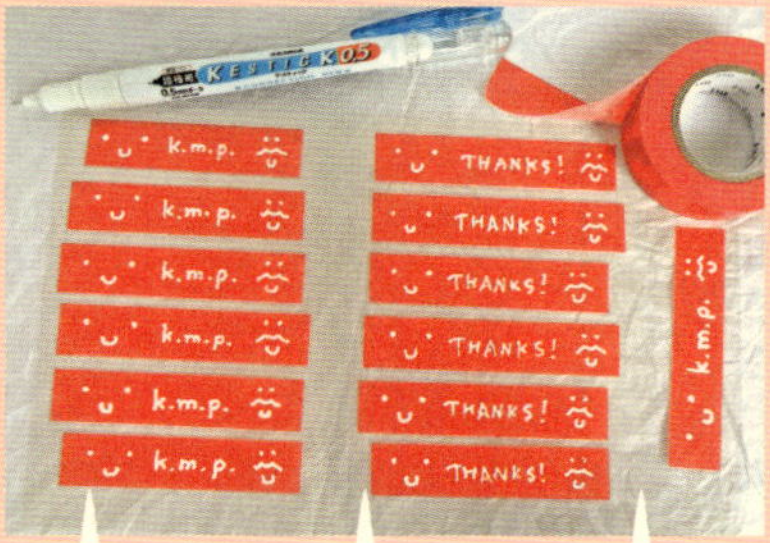

濃い色のテープに、＊修正ペン などで絵や文字を描く。

包みをとめたり、インデックス ラベルとしても使える。

つくり置きは、ツルツルしたものに貼っておく。

＊修正ペン＝スタンプのインクだとはじいちゃうので、いろいろ試してこれが一番でした。

ちょこっとやってみる？

ちょいと番外編
シールのデザイン

じつは私たち、
印刷会社に勤めていた時に、
シールのデザイン（からデータ作成まで）の仕事も
やってました。（どんだけシールずき？）……………

主に、お菓子屋さんのシールで、
3×4㎝くらいの、小さな丸や 四角の中に、
商品名・ロゴマーク・イラストなどを
いかに効果的に詰めこむか……
お客さんの要望に こたえつつ、
コストも最低限で……
そんな作業に、日々燃えていました。

なるべく安く、カンタンに。
でも、デザインは妥協したくない……
これって、今も同じ。
会社で鍛えられたのか、それとも、元々の性分なのか……

…アミ 使うとか
それだっ！

↑
会社員時代の様子……を 描いてみたけど、
今と なんにも変わりがない……

洋菓子店、和菓子店、パン屋さん、イベント用や、お土産屋さんの名産品など……

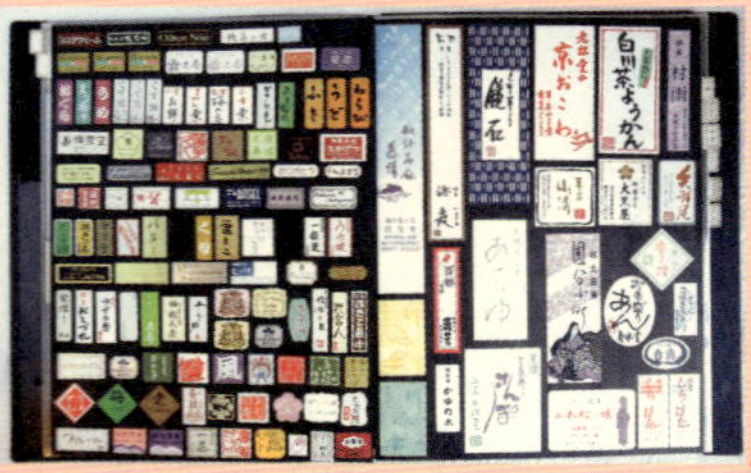

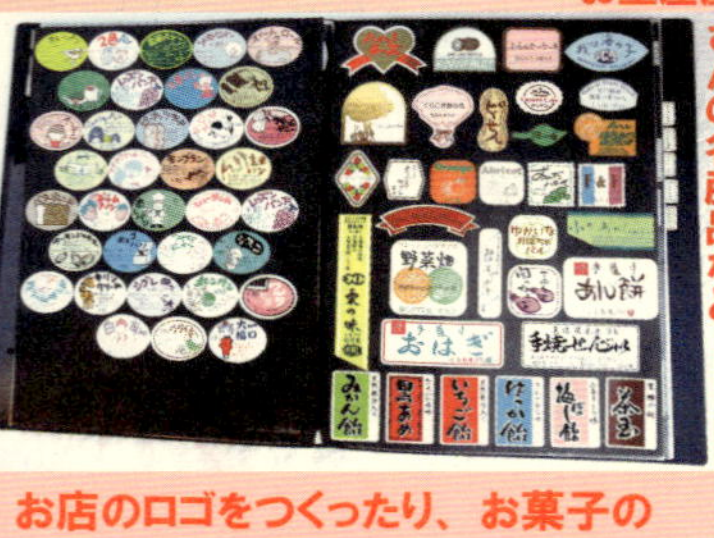

和紙、クラフト紙、ホイル紙、金箔押し、エンボス加工、ラミネート加工…

お店のロゴをつくったり、お菓子の
ネーミングをすることも。今思えば、
お店の「自分印づくり」のお手伝い。

だめだ… ループに はまってきた…
和菓子屋さんのシール。
「筆文字」を、納得いくまで何十回もかく。
…まるで写経。

k.m.p.流、シールのデザイン

①要望・条件を整理

- ロゴマーク（自分印）を使って、シールをつくりたい。

- 「目立つ」こと優先で。
- 主にクラフト紙の紙袋に貼る。
- なるべく安く！

条件が
キビシイ
ほど
燃えます

②そこから考える基本構想

- 色は **赤１色** にしよう。
（クラフト紙に貼ると映えるし、１色印刷は安い）
- 紙は一番安い **白い紙** で。
（特殊紙は高いし白いほうが赤が映える）
- **３×４cm の四角** にしよう。
（以前つくった抜き型を利用して、安く）

③実際のデザイン

同じ条件 でも、これだけの デザインパターン が 考えられます。

まだまだ無限にできるけど、このくらいにして、ここから しぼっていきます…

赤地に「白抜き」が効果的なデザイン。

←の、反転バージョン。

赤を「網掛け」にして、白抜きも使って３色効果。

赤枠にしてみる。

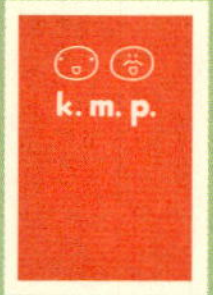

白枠にしてみる。

網掛けに白抜きイラスト。

イラストをはみ出して。

「フキダシ」を使ってみる。

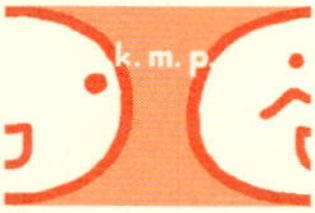

網掛け、白抜き、中抜き、など、ちょっと凝った系。

淡い色も、赤い点線で囲めば、シマる。

イラストはナシで、ロゴだけ大きく、迫力系。

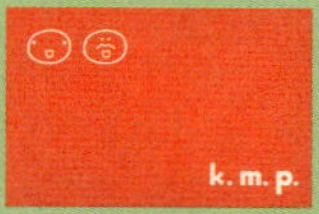

小さいほうが目を引く系。

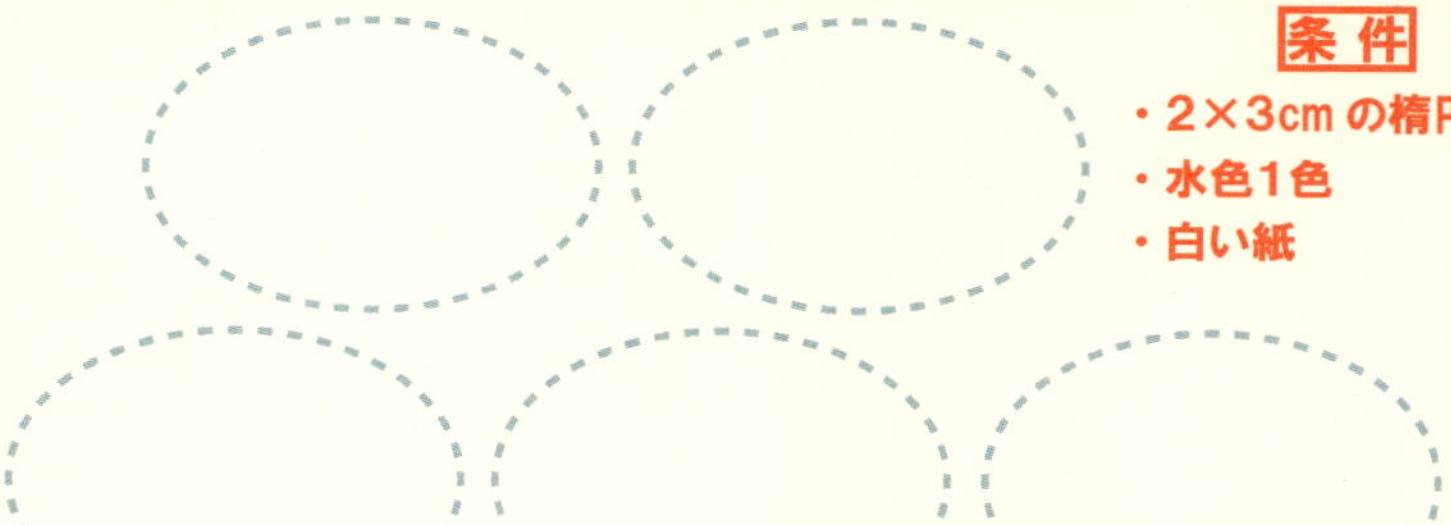

条件

- ２×３cm の楕円形
- 水色１色
- 白い紙

やってみよー

次の条件で、自分印シールをデザインしてみよー

「本」にも おまけ

「本」は、
読み物であると同時に、
読む人への おくりもの。
……と思ってる。
だから、本をつくる時、
いろんな「おまけ」や
「おたのしみ」を
盛りこみたくなる。

私たちの本業は、
「本をかくこと」というより、
「**本をつくること**」…と
言うほうが しっくりくる。
それは、使う紙や 色使い、
カバーや帯のデザイン…
などなど、
本の中身以外の部分も
自分たちで つくってるからで、
その作業が
たまらなく すきだから……

旅行記系

1冊1冊、
デザインし、
おまけを
盛りこみ…
キモチをこめて
つくって
きました。

絵本系

文庫ちゃん

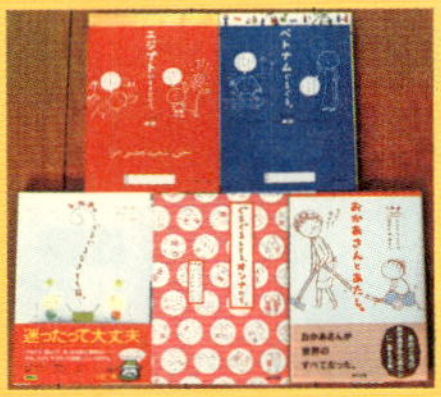

エッセイ系

しかし…
キモチが
こもりすぎた結果、
「洗練されたデザイン」
「統一感」
…というものが、
ありません。

こんな、おまけ、付けました

もちろん、本の「内容」に、めいっぱい「おまけのキモチ」を注ぎこんでいるけど、どうしても、そこに もひとつ、「おまけ」を入れたくなっちゃう。

〈本のカタチを使ってあそぶ〉

頁を利用して「腹筋」。

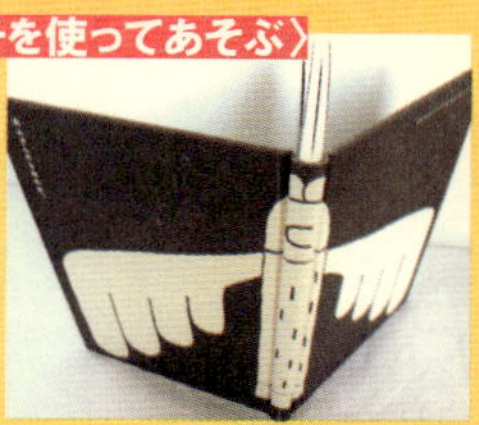
ハードカバーをパタパタすると飛んでるように見え…る？

〈めくったら○○系〉

カバーと表紙が微妙に違う。（気づいてもらえないことも多い）

折り返した帯をめくると…は、定番のおまけ。

おたのしみ券、切り取って使える しおり や お面、パラパラマンガ、なんとなくあみだくじ、○○を探せ、カバーを取ったら……など、どれも ささいで 地味なものばかりだけど、お金かけない、という制約の中で、最大限のアイデアを……っていうのに燃えるタイプ！

〈クーポン券〉

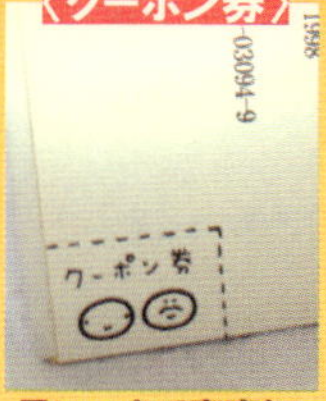

思いつきで唐突に。

〈パラパラマンガ〉

スペースに余裕があれば毎回でもやりたい。

〈透ける紙を使って〉

次の頁の顔と合わせてかぶりものあそび。

〈工作系〉

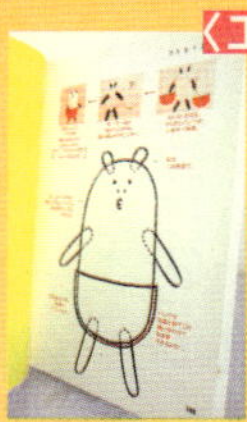
フエルト人形の型紙。

帯を切ったらしおりに。

〈こんなとこに印刷〉

印刷の方にご協力いただき、すごいとこに「さるむし」が。

〈k.m.p. 従業員〉

毎回「従業員キャラ大集合」のイラストを載せていました。

〈かきこみ系〉

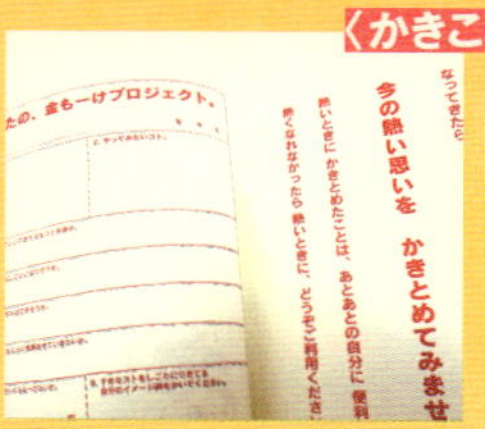

読むだけじゃなくて「参加」もできたらたのしいかなと思って。

＊まだまだあるよ。続きは86頁からどーぞ。

ちょっと予算をもらえた時の…↓

〈さるむしを探せ〉

いくつかの本に。
（実はこの本にも、隠れています。探してね）

〈シール付き〉

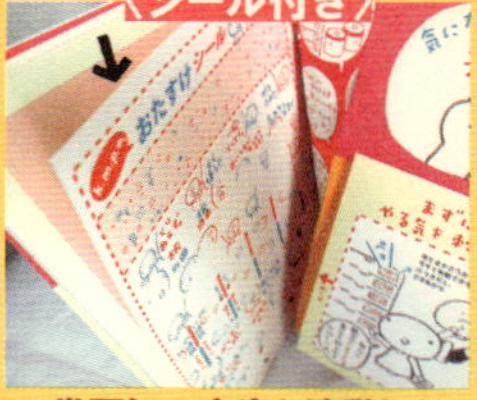
巻頭に、内容と連動したシールを付けました。

〈カバーに穴〉

ヒコーキに乗ってる様子を表現してみました。

のぞいた奥にさるむし。で、虫眼鏡をイメージ。

そして
この本が…
「一番おまけらしい
おまけ」付き…に
なりました

まだまだ、おまけのキモチ

こうして本が
できあがったあとにも……
まだまだ、もっともっと、
どこかに「おまけ」を
盛りこめないかと、
ぐるぐるぐるぐる考える。

書店を訪れた人が
ワクワクする なにか。
一緒に、書店員さんも
ワクワクしちゃう なにか。

買ってくれた方、
感想をくれた方に
感謝のキモチを伝える、
なにか……

本が、誰かに届くその瞬間まで、
思いつく限りの、
おまけのキモチを盛りこみたい。

手づくりのPOP

書店で、ビヨ〜ンと
←揺れてるこーゆーの。
なるべく、手づくりの
ものを、おくりたい。

手がき＆プリント＆彩色

全部手がき

ココロをこめて、
1枚1枚、手がき。

すごく立体なの

座布団に座ってるかんじで。

ちょこっと立体なの

貼り付け型。↓

← 数ヵ所キリコミを入れるだけで
↓ 立体になるように工夫型。↓

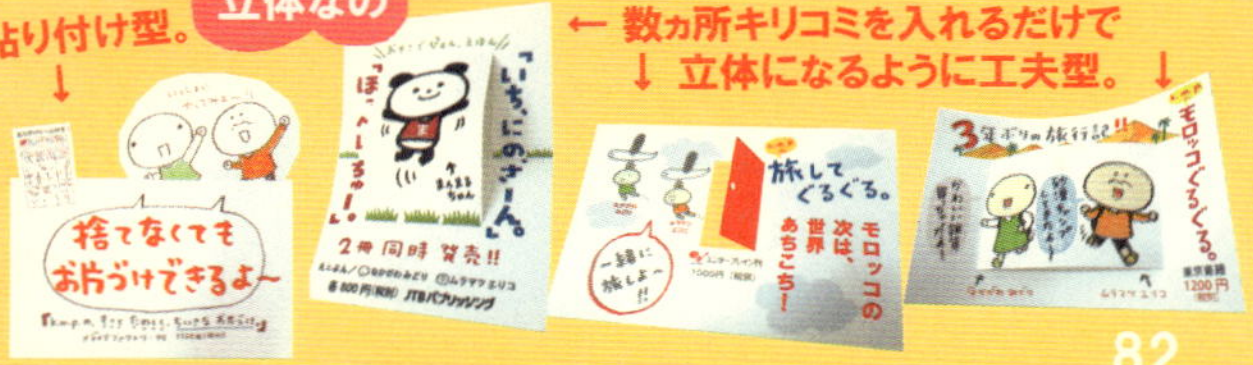

発売記念キャンペーン

初版本を買ってくれた方へのプレゼント（出版社が予算を出してくれた時に限る）。
私たちは、アイデア出しとデザイン（時には）制作までを 担当です。

トートバッグ

← お片づけラベル

ハンドタオル

旅日記が付けられるオリジナルメモパッド

→ プリントゴッコで。

→ 巾着袋は、縫製から手がけました。

布に1コ1コ手がき。

壁紙は、予算がかからないプレゼント。

書店さんでフェアなど

書店でのフェアも 私たちの「おまけのキモチ」。
出版社や書店さんのご協力をいただきながら
〈ワクワク〉を飾らせていただいてます。

ぶらさがり系は、最近のお気に入り。

表情は２パターンあるよー

↑ 人形部分はフェルトでつくりました。

赤いスチレンボードを切って、そこに白いアクリル絵の具で。

大きい棚を丸々貸していただきました。

プロフィールカード

「サイン本です」カード

手がきして、切り抜いたPOPです。

↑ 全種類の本を置いていただいた時には、「仕切り板」を手づくり。裏面は（顔）になってます。

お決まりの「色紙」。

グッズも売ってるワゴン。

制作ちゅ〜。

あ！次こんなのどーかな

なになにー？

うしろの相棒 4

どちらか片方だけが旅に出ることもある。そんな時 相棒に渡すのが、手づくりの“旅のおまもり”。 そして、帰国する頃に、机の上に“おかえりカード”を置いておく……というならわし。

あ
あさって帰ってくるか、よし……
よかった無事で
まってたぜみやげ話!!
おかえり

おかえりカードは、こんなかんじ。

思いやりというよりは、
びっくりさせたい、とか、
なんかウケたい、とか、
そんな、おまけのキモチ。

はいコレ、おまもり。
お財布に入れてってね
わっ
いつのまに!!
ありがとー
大丈夫
まよけ

透明フィルムに
はさまれた
相棒おまもり

フェルトに
かかれた
相棒おまもり

旅の間は、相棒が魔除け。

うしろの相棒 5

毎年春になると、立て続けに２人の誕生日がやってくる。
誕生日のランチには、恒例で 近所のケーキ屋さんに くり出す。
モノじゃなくて、お互いが「カフェのひととき」の おくり合い。

桜咲く
4月
です
新緑の
5月
です

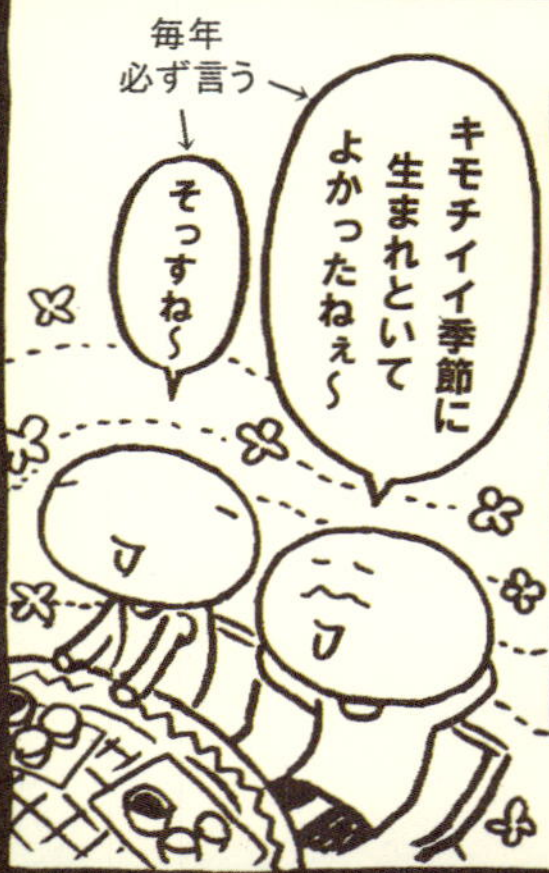
毎年
必ず言う
キモチイイ季節に生まれといてよかったねぇ〜
そっすね〜

心地よい風が吹く、ケーキ屋さんのお庭で。

大きめのケーキを「2個ずつ」食べる、というのが恒例。（その日は これが お昼ごはん）

右手と
左手、
どっちが
いーい？

〈めくったら○○系〉

「表紙」に、
めくられて焦る設定。

クイズもたびたび。

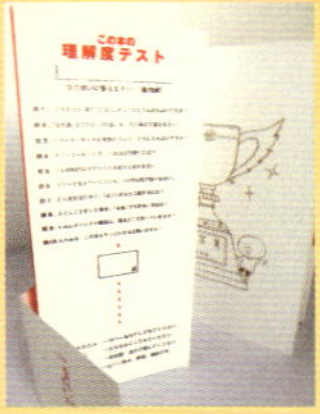

テストの結果で、
めくる箇所を指定。

間違い探しのように
微妙に違ってます。

これまで
「本」の中に
盛りこんできた
〈小さなおまけ〉
たち。
（81 頁の続き）

——たとえおんなじモノでも……
こーすると、ワクワクします……？

〈パラパラマンガ〉

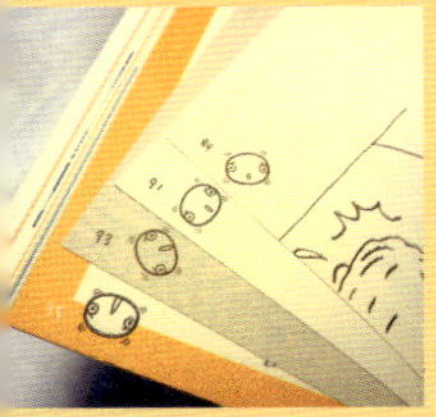

奇数頁は なかがわ、偶数頁は ムラマツです。

↑ 私たちが かくれてる系〜 ↑

布団をめくると…

おまけ…おまけ…おまけの…キモチ……
どのへんからが おまけなのか?
これは おまけなのか?
そもそも おまけって なんなんだ?

……なんて、
この本を かきながら、
何度か立ち止まって、 考えた。

たぶん、 明確な境目なんてなくて……

〈かきこみ系〉

読んだあとに、自分をふり返って、かきこみができます。

パラパラマンガは これからも研究してく所存。

相手を想って できあがった
おまけのカタチは、

ちょこん、と のってたり、
そっと 添えられてたり、
ふわっと 包まれていたり、
うまーく まぎれこんでいたり、
見えないものだったり……

そういうものなんだろう。

〈本のカタチを使ってあそぶ〉

パタパタめくると
走って見える。

「背」を
柱に見立てて。

「表紙」と「背」を
ブロック塀に見立てて。

表紙に“子供の頃の
くちぐせをかいてみよう”

読んだ方も、この本の一員に。

おまけのはしりがき

子供の頃から
ふろくとかおまけとか
アタリくじ付き！とか
○名様に当たる！とか、
そんなものに弱くて。
金プレより燃えたかも…って
ギャンブラーってこと？？

あたしは金プレで安心したいタイプかな

自分のキモチや、
ココロの伝え方の
ひとつが、 のうち
おまけ。

オドロキとヨロコビの数の
おまけの
・ポストカード
・一筆箋
・マグネット
・シール
・ポチ袋
・おえかきノート
・折り紙
・封筒
・しかけ見返し。

いつも"シンプルなデザイン"っとするほど
やってみたいキモチは、常にある。
デザインの中に自分たちのキャラ入れたり、
テーマカラーを決められなかったり、ちまちま
おまけをつけはじめ、結局いつものかんじに
仕上がっちゃうの。
〜……

封を
箱をあけると……
なにかをめくると……
穴をのぞくと……
見えてなかったものが!!
見える その瞬間のワクワクを
おまけにつけたこよ。

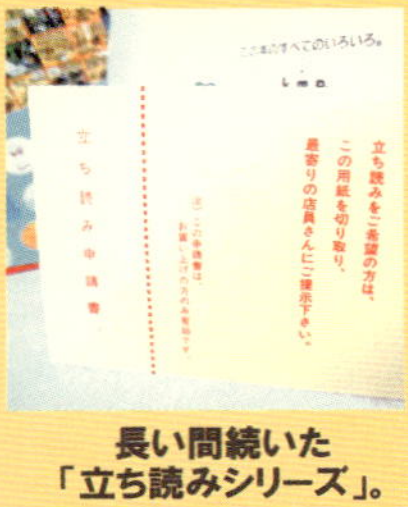

長い間続いた
「立ち読みシリーズ」。

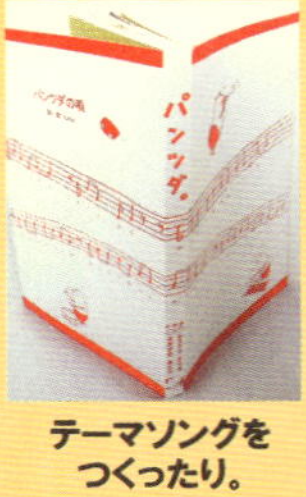

テーマソングを
つくったり。

〈そのたあそび〉

巻末に、きせかえ や ぬりえ。

〈カバー裏にも印刷〉

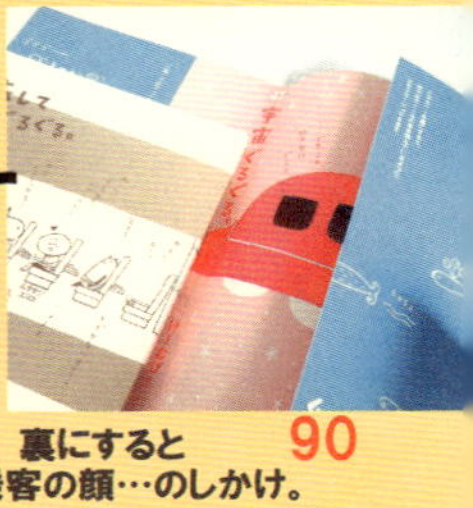

穴もあけたので、裏にすると
UFOの窓から乗客の顔…のしかけ。

「印刷会社のおじさん。」
なぜか2人とも「印刷会社に勤めるおじさん」が身近にいて。
大量の白い紙、何も印刷されていない本。
(今思えばこれが束見本)
本の厚みや仕上りの雰囲気チェック用の白い本
そんなのをもらっては、いつも、白い紙の前でわくわくしていた。
あったろっ？

「おまけ」がナイショになっちゃうってどーなの

週刊連載やってる頃。毎週、編集部から送られてくる色指定の原稿……の入った大きな封筒。
封をあけると その中からは 喫煙所の香り。
編集の人たちのクリアホルダーは、指の脂の指紋で埋めつくされ、ちっともクリアじゃなくなっている。
……という おまけつきだったことを思い出した。

担当編集○さん
このおまけの本をかくことを推してくれた人。
そんな彼を相手に、わたしたちは……。
彼が、一筆箋に頑張って描いたはずの
「自分の顔キャライラスト」について、反応を示すのを
すっかり忘れていたことがあり…

ボクのは ムシじゃないですかぁ
わなわな
ごめんごめん ムシじゃなくて 忙しすぎて 忘れたの

相手にとっては ムシと同じか…って ……反省。

まだまだあるので、よかったら探してみてください………

まだまだまだまだ……

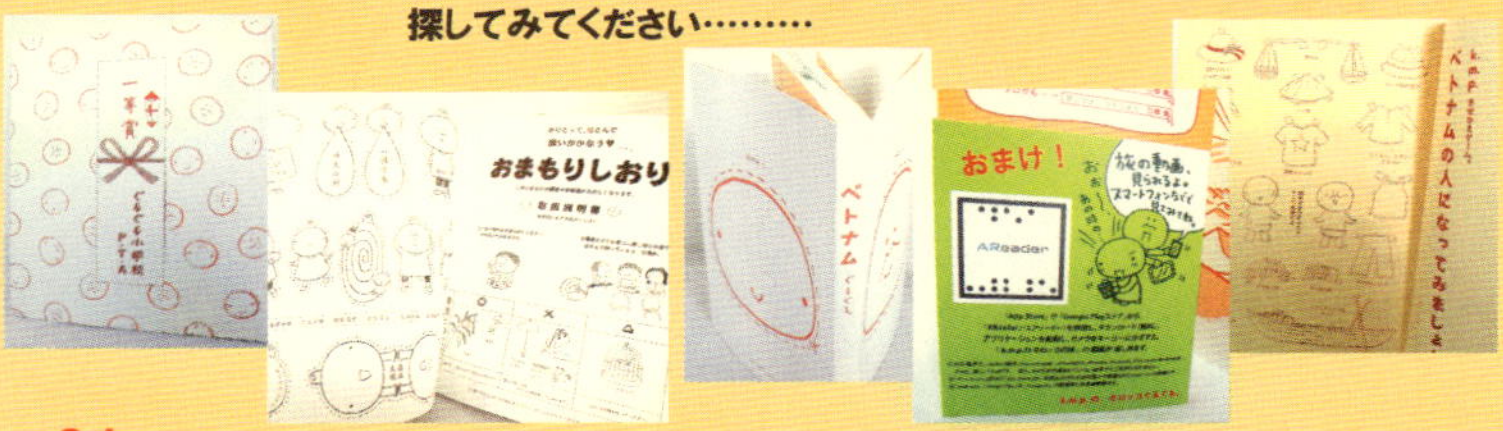

旅の動画が見られます。

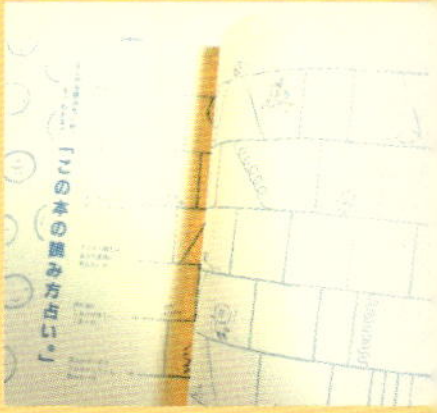

なぜか、あみだくじ式占い。

あとがき。

むかしから ずっと、
ふしぎにも 2人して、
ちまちました、小細工のようなことが すきだった。

……ということを、
じつは この本をかくまでは、
あまり自覚していなかった。

モロッコの旅行記を かきおえた頃、
担当のOさんが言いました。
「k.m.p.さんから送られてくる、仕事の発送物、
毎回、おもしろいですよねえ。
なんか、いつも、おまけが付いていて……」
そして、このテーマで 本を かいてみないかと言う。
いやいやいや、別にふつうだし、

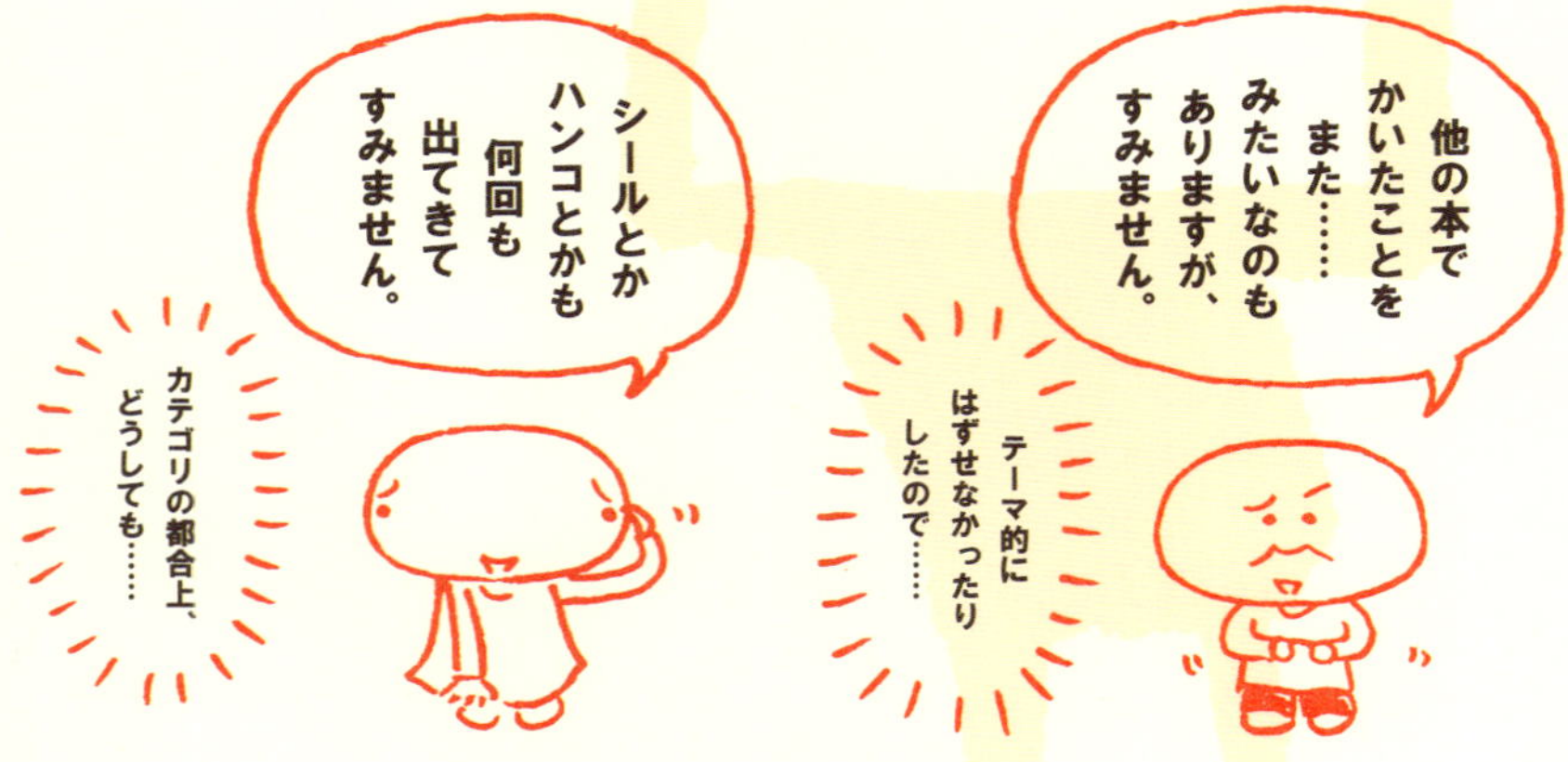
他の本で かいたことを また…… みたいなのも ありますが、すみません。
テーマ的に はずせなかったり したので……
シールとか ハンコとかも 何回も 出てきて すみません。
カテゴリの都合上、どうしても……

まして、一冊かくほどのネタなんてありません。
と答えても、会うたびに……言ってくださるので、
自信のないまま、ふだんやっていることを　かきだしてみた。
「これのこと？」「これ？」「これか？　いやぁー……そうなの？」
と、確認していくうちに、すこしずつ、
おまけのキモチ、というカタチが見えてきて……
自分たちが　こんなにも「おまけを付ける」ことが
すきなんだと気づくのと　同時進行で、
この本が　できあがりました。

Oさん、ありがとう。

そして、今回、この本には、こんなに　たくさんの「おまけ」を付けることができました。
うれしい！

この本に関わってくださったすべての方に感謝します。
どうもありがとうございました。

k.m.p.
ムラマツエリコ
なかがわみどり

Oさんからのお手紙

k. m. p.

なかがわ みどり　　ムラマツ エリコ

２人で活動してるユニット。
旅に出たり、**本**をかいたり、
雑貨をつくったり、**イラスト**をかいたり、
その時したいと思ったことを、仕事としています。
しごと と あそび と 生活の一体化 が理想。

公式サイト「k.m.p. の、ぐるぐる PAPER」
ブログ「k.m.p. の、旅じかん、ウチじかん。」
つぶやき　@kmp_okataduke

東京書籍の k. m. p. の本

2012 年 刊行
本体 1200 円（税別）

k.m.p.の、

おまけのキモチ。

2013年　9月　9日　第1刷　発行

著　者
ブックデザイン　k.m.p.《ケー・エム・ピー》　なかがわ みどり　ムラマツ エリコ

発行者　川畑慈範

発行所　東京書籍株式会社
〒114-8524 東京都北区堀船 2-17-1
TEL 03-5390-7531（営業） 03-5390-7515（編集）

印刷・製本　図書印刷株式会社

ISBN 978-4-487-80781-9 C0095

←おまけのキモチ。の、おまけっ！

さいごに、
この本を 買ってくださった みなさまに、
感謝のキモチを おくりますー
どうも ありがとう！

笑顔に なる

マグネット

これだけは、
自分用 推奨～。
いつも笑顔を
忘れないように、
見えるところに
貼っとこー。
おすすめは、冷蔵庫、
玄関、机の正面など。

久々の お手紙

ポストカード

この本を読み終わって、最初に心に浮かんだ人は だれですか？ その方に、手紙を出してみませんか？

表

裏

おくりものに添えて

一筆箋

おくりものに添えて使ってね。
書く欄が小さいので、ひとことでも大丈夫！

Ⓐ チュミとチュッチュ

Ⓑ まんまるちゃん

Ⓒ さるむし

ⒶⒷⒸの3種類のうち、どれか1枚が入っています！

線の通りに
切ったり
折ったり
してね。

ひとこと おたすけ

16のコトバシール

自分でコトバを書くのは照れちゃう…という人は、このシールでキモチを伝えてね。

顔を描いてみよう～ ↑ ↑

なぞってみるだけ

お絵かきテンプレート

切り抜かれた穴をなぞってみてね。